Christiane Beetz

Entdeckungsreisen
Auf den Spuren biblischer Heldinnen

Für mein Knuffili -
Danke für alles !

Illustrationen von Astrid Steiner

www.christiane-beetz.de
E-Mail: entdeckungsreisen@christiane-beetz.de

Herstellung: Books on Demand GmbH, Norderstedt
Hamburg 2003
ISBN 3-8311-4172-X

Inhalt

Warum dieses Buch..... ?

Eine gute Frage. Ich habe sie mir gestellt, bevor ich anfing dieses
Buch zu schreiben. Hier ist nun meine – zugegeben – etwas
längere Antwort....

Ich möchte ganz von vorne beginnen:

Mit einigen Frauen aus diesem Buch hatte ich bereits zu tun. Sie
"begegneten" mir in einer Reihe von Dekadegottesdiensten, die in
unserer Gemeinde durchgeführt wurden. Was das ist, ein
Dekadegottesdienst ? Also, die Kirchen dieser Welt hatten sich
1988 dazu entschlossen, eine Dekade lang, 10 Jahre, eine Aktion
durchzuführen, die die Situation der Frauen in einer immer noch
stark von Männern geprägten Kirche und somit das Verhältnis
von Frauen und Männern insgesamt verbessern sollte. So wurde
die Aktion "Ecumenical Decade 1988-1998 – Churches in
solidarity with women" ins Leben gerufen. Aus dieser Aktion
erwuchsen 1-2 mal im Jahr besondere Gottesdienste, die
Dekadegottesdienste. Diese beschäftigten sich jeweils mit einer
biblischen Frauengestalt oder einem frauenspezifischen Thema,
doch wurde besonders darauf geachtet, daß diese Gottesdienste
für alle Menschen, auch (oder gerade ?) für Männer interessant
waren. Mit einiger Verzögerung gab es seit 1992 auch in der
Gemeinde, in der ich seit vielen Jahren ehrenamtlich tätig bin,
diese besonderen Gottesdienste, und auch nach Beendigung der
offiziellen Dekade fanden und finden bis heute
Dekadegottesdienste bei uns statt. Denn ein guter Anfang auf dem
Weg zu einer wirklichen Gemeinschaft von Frauen und Männern
sollte nicht einfach beendet werden. Die Dekadegottesdienste
wurden immer von einer Gruppe unterschiedlichster Frauen
vorbereitet. Neben einer Pastorin fand sich eine Hausfrau und
Mutter, neben einer Verwaltungsangestellten saß eine
Germanistin, neben einer Sozialpädagogik-Studentin schrieb eine
Krankenschwester. Es waren also in der Mehrheit Nicht-
Theologinnen, was dazu führte, dass die Geschichten aus vielen

verschiedenen Blickwinkeln betrachtet werden konnten. Gemeinsam wurde der jeweilige Text bearbeitet, wurden Gebete verfasst und Predigten geschrieben. Eines aber war erschreckend: Wie wenig wußten wir doch von den biblischen Frauen ! Ich hatte vorher noch nie etwas von Waschti gehört, und auch Lydia und Priska konnte ich nicht einordnen. Gleichzeitig waren wir überrascht, welche Fülle an Geschichten wir über Frauen in der Bibel fanden ! Wie euphorisch arbeiteten wir daran, uns und den Menschen im Gottesdienst diese Frauen näher zu bringen. Und es ist wundervoll, wenn sich heute noch jemand an einen der Gottesdienste erinnert und sagt: Seit damals weiß ich endlich, wer diese oder jene Frau ist.

Dieses Interesse an den biblischen Frauen hat sich bis heute bei mir gehalten. Warum nun aber noch ein Buch zum Thema "Frauen in der Bibel", wo es doch schon eine ganze Reihe davon gibt ? Hierfür nenne ich zwei Gründe:
1. Es kann nie zuviel darüber geschrieben werden. Denn noch immer sind die männlichen Protagonisten der Bibel weitaus bekannter als ihre weiblichen Pendants. Die Männer der Bibel kennt man eben: den ersten Menschen Adam, den Stammvater Abraham, Noah und seine Arche, Jona und den Wal, die zwölf Apostel – allen voran Petrus und der Verräter Judas, später noch Paulus - und natürlich Jesus selbst. Selbst ein namenloser römischer Hauptmann aus Kapernaum ist vielen ein Begriff. Doch bei den Frauen sieht es anders aus: Sicherlich kennt nahezu jeder Mensch Maria, die Mutter Jesu, oder Eva, Adams Frau. Den Namen Maria Magdalena hat man vielleicht schon mal gehört, ebenso Ruth oder Sarah. Doch wie sieht es aus mit Rahab, Waschti oder Martha, ganz zu schweigen von den namenlosen Frauen der Bibel wie z.B. der Frau aus Kanaan oder der Samariterin ? Woran liegt es, daß es viele Frauengestalten auf dem "Weg in die Kirche" so schwer haben ? Warum wird ihnen die zustehende Wertschätzung noch so oft versagt ? Warum sind

sie immer noch "nur" ein Thema für spezielle Frauenkreise ? Es sollte noch viele, möglichst unterschiedliche Bücher zu diesem Thema geben – so lange, bis die biblischen Frauen mit den Männern der Bibel gleichziehen, an Bekanntheit und an Wertschätzung.

Und damit komme ich auch zum zweiten Grund für die Existenz dieses Buches:

2. Es sollte viele <u>verschiedene</u> Bücher und damit Ansätze geben, sich mit den Frauen in der Bibel zu beschäftigen. Es gibt Bücher, in denen die biblischen Texte als Vorlage dienen, um die dort erzählten Geschichten neu zu formulieren. Sie werden phantasievoll weiter gedichtet, neue Gedanken und Ideen werden aufgenommen. Wir erleben, wie vielleicht vor tausenden von Jahren ein Ereignis gewesen sein könnte, ohne dass es so explizit in der Bibel erwähnt wird. Dann gibt es die Bücher, die Fakten sprechen lassen. Wer war der Verfasser des Textes ? In welcher Zeit wurde er geschrieben ? Welche stilistischen Eigenarten finden sich ? Was sind seine Hauptthemen ? Solche und viele andere Fragen werden an den Text gestellt, und sie helfen dabei, eine historische Einordnung des Textes vornehmen zu können.

Was nun ist das Besondere an diesem Buch ?

Es ist einmalig. Einmalig, weil es meine ganz persönlichen Gedanken, Lebenssituationen, Ereignisse beinhaltet und aufgreift. Es ist meine persönliche Handschrift hinter diesen Texten, und es sind meine ganz persönlichen *Entdeckungsreisen* zu den einzelnen Geschichten von den vielen biblischen Frauen, meine ganz persönliche Suche nach dem Sinn der Geschichten. Und gerade dadurch wird es auch für Sie interessant. Denn auch Sie haben Ihre persönlichen Gedanken und Erlebnisse. Ich wünsche mir, dass Sie, liebe Leserin, lieber Leser, sich genau die gleichen Fragen stellen, wenn Sie die Texte lesen, wie ich es getan habe, als ich sie schrieb: Was sagt mir der jeweilige Bibeltext ganz persönlich ? Wo spricht er mich in meiner ganz persönlichen Lebenssituation an, wo kann ich etwas für mich herausziehen ?

Wo erkenne ich Parallelen zu meinem eigenen Leben ? Können diese Frauen eine Art Vorbild für mich sein, mir ein Beispiel geben für meine Zukunft ? Sind sie so etwas wie Heldinnen in ihrer Zeit gewesen - sind sie es vielleicht noch heute ? Ich wünsche Ihnen, dass Sie sich selbst diese Fragen mit ebenso viel Begeisterung beantworten werden wie ich es getan habe. Meine Antworten liegen Ihnen mit diesem Buch vor. Vielleicht haben Sie manches Mal eine andere Meinung, und das ist völlig in Ordnung. Ich würde mich freuen, wenn dieses Buch bewirkt, dass Sie die vielen Frauen und ihre biblischen Geschichten besser kennen lernen. Ich möchte Ihnen auf Ihre *Entdeckungsreisen* zu den einzelnen Geschichten ein Gebet mit auf den Weg geben. Es möge Sie durch dieses Buch geleiten. Und vielleicht haben Sie ja Lust, es nach der Lektüre dieses Buches noch einmal zu lesen....

Ihre Christiane Beetz
Hamburg, Sommer 2003

Lebendiger Gott,
so viel erzählen uns die Geschichten der Frauen, die vor langer
Zeit lebten und wirkten.
Ihre Erfahrungen und Erlebnisse können uns Vorbild und Anreiz
sein.
Laß auch uns, wenn es darauf ankommt, so mutig sein wie die
zwei Hebammen.
Gib uns die Beharrlichkeit der Frau aus Kanaan, wenn wir zu
schnell etwas aufgeben wollen.
Schenke uns die Neugier der Eva, brennend darauf, etwas Neues
zu entdecken.

Amen.

<u>Noch einige Vorbemerkungen....</u>

Die gesamten Bibelverse, die Sie in diesem Buch finden, wurden der GUTEN NACHRICHT – Revidierte Fassung 1997 der "Bibel in heutigem Deutsch" entnommen. Dies ist erstens eine gemeinsame Bibelübersetzung der evangelischen und katholischen Kirche in der Bundesrepublik Deutschland, in Österreich und der Schweiz. Wichtiger noch ist aber zweitens, dass es eine Übersetzung ist, die es geschafft hat, eine frauengerechte Wiedergabe des biblischen Textes zu sein – eine Sprachform, die Frauen nicht durch männerzentrierte Sichtweisen ausgrenzt, sondern die den Anspruch hat, Männern wie Frauen gerecht zu werden, ohne dabei den Wahrheitsgehalt des Textes zu vernachlässigen.

Vielleicht haben Sie ja nach der Lektüre dieses Buches Lust bekommen, weitere Texte zu lesen. Dazu finden Sie im Anhang des Buches zweierlei:
1. eine Liste mit dem ganzen Bibeltext, der den Kapiteln jeweils zugrunde liegt bzw. Parallelstellen von anderen Bibelversen und
2. eine Literaturliste mit einigen weiteren Büchern zum Thema "Frauen in der Bibel".

Die wenigen Anmerkungen zu den Texten habe ich nicht als Fußnote angegeben, sondern Sie finden sie im Anhang des Buches.

Ein Letztes: Einige Texte wurden von Freundinnen von mir formuliert. Ich fand sie so gut, dass ich sie in dieses Buch aufgenommen habe. Diese Texte wurden entsprechend gekennzeichnet.

Ich wünsche Ihnen viel Spaß beim Lesen dieses Buches !

Eva -
die Neugier erwacht

„Gott, der Herr, brachte also den Menschen in den Garten Eden. Er übertrug ihm die Aufgabe, den Garten zu pflegen und zu schützen. Weiter sagte er zu ihm: Du darfst von allen Bäumen des Gartens essen, nur nicht vom Baum der Erkenntnis. Sonst musst du sterben."

„Die Frau sah den Baum an: Seine Früchte mussten köstlich schmecken, sie anzusehen war eine Augenweide und es war verlockend, dass man davon klug werden sollte! Sie nahm von den Früchten und aß. Dann gab sie auch ihrem Mann davon und er aß ebenso."
1. Mose 2,15-17 + 3,6

„Hart war seine Schale und abweisend.(...) Man sprach ihn heilig und verbot, von ihm zu essen. Seine Blüten leuchteten purpurrot, sein Duft machte benommen. Sie stand vor dem Baum. Warum sollte sie nicht herausfinden, wie die Frucht des Gesetzes schmeckte? Die Neugier wuchs und der Ärger auf das Verbot. Sie riss die raue Frucht ab und schnitt sie auf. Da floss es aus dem Innern der trockenen Schale: rot wie Blut wie das Leben, und darin lagen dicht beieinander die vielversprechenden Kerne. Sie biss in das Fruchtfleisch und saugte den Saft in sich auf. Kann sein, dass sie ihm abgab davon. Die Lust der Entdeckung behielt sie; bis heute wagt sie Neues und ist sich nicht sicher, dass es gut ist, was man gut nennt, sondern prüft und schaut selbst."[1]

Diese Geschichte ist nicht von mir, aber ich hätte sie, wäre sie noch nicht geschrieben worden, mit ebenso viel Überzeugung geschrieben. Überzeugt davon, dass auch meine Neugier und mein Drang nach Entdeckung mich hätten in den Apfel beißen lassen. Ich kann mir gut vorstellen, wie beide, Eva und Adam, vor dem verbotenen Baum saßen und gern gewusst hätten, was denn nun wirklich passierte, wenn sie die Früchte essen würden. Besonders Eva war von dem Anblick der verlockenden Frucht beeindruckt. Eine unbändige Lust in die Frucht hineinzubeißen stieg in ihr auf. Da kam ihr die Schlange gerade recht, die sie darin bestärkte, die Früchte zu probieren. Eva, du wirst klug werden, hatte die Schlange gesagt, du wirst wissen, was gut und was böse ist. Der Wunsch nach Entdeckung in Eva wurde immer mächtiger. Und dann......biss Eva in die so lang ersehnte Frucht. Ein wohliger Schauer durchflutete sie. Sie gab Adam auch davon und er biss ebenfalls hinein. Doch plötzlich entdeckte Eva ein Gefühl, das sie vorher nicht gekannt hatte: Angst. Denn nun, nachdem sie von der Frucht der Erkenntnis gekostet hatte, wusste sie, dass sie etwas Böses getan hatte. Sie hatte sich über das Verbot Gottes hinweggesetzt. Adam erging es ebenso. Und sie versteckten sich.

Lange blieben die beiden nicht unentdeckt. Gott suchte sie in seinem Garten. Er erfuhr nun, dass seine von ihm geschaffenen Geschöpfe von der verbotenen Frucht gegessen hatten, dass sie nun die Fähigkeit zur Erkenntnis von gut und böse erlangt hatten. Und Gott wurde zornig. Er verbannte Eva und Adam aus dem Paradies und strafte sie mit Mühsal und Schmerz – leiden sollten die beiden für ihr Vergehen. Eva trifft es besonders hart: zum körperlichen Schmerz kommt die Auflösung der Gleichberechtigung von Mann und Frau, Adam soll von nun an über Eva herrschen. Und das nur, weil sie als erste in die Frucht biss ? Weil sie, anders als der passive zurückhaltende Adam, mehr kennen wollte als nur das ihr Angebotene ? Weil ihr Wunsch, sich weiterzuentwickeln, größer war als die Furcht vor möglichen Folgen ?

Wenn ich mir unsere Geschichte anschaue, kommen mir Zweifel, ob ich die daraus gezogenen Ergebnisse der Nachfahren Evas und Adams wirklich nachvollziehen kann. Von Eva als „der Pforte zum Teufel"[2] ist die Rede, vom „Weib, das ein süßes Übel ist, welches die männliche Kraft durch Liebkosungen zerbricht"[3], von „der Frau als unvollkommenem Tier"[4] und „dem ewigen B"[5] in der Menschheitsgeschichte. Doch ist nicht der immerwährende Drang nach Wissen, nach Erkenntnis und Sinn, der Eva in den Apfel beißen ließ, ein Wesensbestandteil, der uns Menschen auszeichnet ? Interessant, dass genau jener Wesenszug, jene Aktivität im Handeln, gerade bei einer Frau als erstes zu Tage tritt, während der Mann, Adam, in unserer Geschichte eine doch sehr passive Rolle spielt? Doch was haben die führenden Theologen aus dieser Tatsache gemacht? Sie kreierten den ersten „Sündenfall", obwohl das Wort „Sünde" in diesem Kapitel der Schöpfungsgeschichte gar nicht auftaucht ! Sie machten aus dem Wissensdrang Evas etwas Negatives und stellten sie auch noch als die Verführerin Adams dar, jener Adam, „dem der Teufel nicht stark genug"[6] war - obwohl er doch wohl jederzeit die Freiheit gehabt hätte, einfach NEIN zu sagen.

Sie hatten es leicht, mit diesem Schuldbewusstsein der Frau eben diese Jahrtausende lang zu unterdrücken und erst vor einem Augenblick unserer Zeitrechnung begannen die Frauen sich mit diesem ihnen aufgedrückten Schuldempfinden auseinanderzusetzen. Gerade die oft belächelte feministisch-theologische Sichtweise brachte viel Licht in allzu häufig verdunkelte Zusammenhänge im Zusammenleben von Frau und Mann. Die Stellung von Frauen in den Gesellschaften der Welt wurde hinterfragt, Missstände nicht mehr widerspruchslos hingenommen. Frauen hatten wieder den Mut, über die ihnen auferlegten Hürden zu springen und sich auf die Reise zu machen, sich selbst kennenzulernen. Noch einmal ein Stück aus der Geschichte „Der Granatapfel":

„Sie biss in das Fruchtfleisch und saugte den Saft in sich auf. Kann sein, dass sie ihm abgab davon. Die Lust der Entdeckung behielt sie, bis heute wagt sie Neues und ist sich nicht sicher, dass alles gut ist, was man gut nennt, sondern sie prüft und schaut lieber selbst."

Ich lese diese Zeilen und fühle mich selbst als Eva. Als Frau, die immer wieder prüft und schaut und nicht alles als gegeben hinnimmt. Und ich merke, wie ich froh darüber bin, dass Eva so entdeckungsfreudig war und hoffe, dass diese Entdeckungsfreude auch in mir, uns allen seinen Platz erhält.
Übrigens, wo wären wir, wenn Eva und Adam nicht aus dem Paradies vertrieben worden wären und Kinder in diese Welt gesetzt hätten.......?

Der Baum

In die Erde reichende Wurzeln
die nach oben ausgebreitete Krone
Symbol für die Verbindung
von Himmel und Erde
von Gott und den Menschen
sich jährlich erneuernde Blätter
Symbol für den immerwiederkehrenden Wechsel
zwischen Sterben und Leben
zwischen Tod und Auferstehung

Die Schlange

Sich häuten und erneuern
Sinnbild für Unsterblichkeit
für ständige Erneuerungskraft
Orakeltier
Herrschersymbol
Heilungszeichen
Moses und der Schlangenstab
Jesus spricht:
Seid klug wie die Schlangen

Der Apfel

Frucht der Erkenntnis
Symbol für die Fruchtbarkeit
die Kelten im Apfelgarten – Avalon
das Paradies...

Friederike Waack

Rebekka -
Gottes Segen empfangen

„Was heißt das: segnen ?"

Segnen kommt vom lateinischen Wort „signare" und bedeutet: mit einem Zeichen versehen.

Segnen heißt auch: Gott preisen und loben und ihm für seine Schöpfung danken.

Segnen kann man mit Worten und mit Gesten.

Ich darf segnen und gesegnet werden.

Segen zu empfangen ist immer ein Geschenk.

Segnen ist ein Vorgang, der niemals allein stattfindet.

„Wie erfahre ich Segen im Alltag ?"

Es ist ein Segen, dass du noch da bist.

Wir wollen einen Ausflug machen, und es ist ein Segen, dass das Wetter schön ist.

Wenn ich mich schlecht fühle, wird jemand, der mich besucht oder anruft, zum Segen.

„Was bedeutet es mir, wenn ich gesegnet werde?"

Segen ist wie eine Energiequelle.

Seine Auswirkungen erfahre ich nicht nur am Sonntag.

Im Segen wendet sich Gott mir zu.

Wenn ich gesegnet werde, schöpfe ich daraus Kraft und sehe zuversichtlicher in die Zukunft.

Gesegnet sein heißt: im Frieden mit Gott leben.

Diese Geschichte ist schon verwunderlich: Da zieht ein Knecht, gesandt von Abraham[7], los, um für den Sohn seines Herrn eine Frau zu finden. Abraham möchte, dass sein Sohn Isaak keine Frau aus Kanaan, dem Land, in dem er jetzt lebt, heiratet, sondern aus der Heimat, die Abraham mit seiner Familie und seinen Bediensteten und seinem Vieh auf Gottes Geheiß vor langer Zeit verlassen hatte. Nun schickt er seinen Knecht dorthin, um für Isaak die richtige Frau nach Kanaan zu führen. Und er spricht zu seinem Knecht:

"Versprich mir beim Herrn, dem Gott des Himmels und der Erde, dass du für meinen Sohn Isaak keine Frau auswählst, die hier aus dem Land Kanaan stammt. Gib mir dein Wort, dass du in meine Heimat gehst und ihm eine Frau aus meiner Verwandtschaft suchst."
1. Mose 24, 3+4

Ist schon komisch zu hören, dass ein Mann für seinen Sohn durch einen Knecht eine Frau suchen lässt. Es ist also nichts mit Liebesheirat - aus ganz anderen Erwägungen heraus (keine Frau aus Kanaan) soll diese Verbindung geschlossen werden. Abraham will nicht, dass eine Frau aus einem ihm noch immer fremden Volk in seine Familie einheiratet. Er wünscht sich für seinen Sohn eine Ehefrau aus seinem Volk. So weit, so gut. Abraham schickt also seinen Knecht fort, um diese Frau zu finden. Nur – wie soll dieser das anstellen ? Der Weg, wie diese Frau gefunden wird, ist abenteuerlich. Denn der Knecht hat eine Idee:

"Gleich werden die jungen Mädchen aus der Stadt hierher kommen und Wasser schöpfen. Dann will ich eins von ihnen bitten: Reiche mir deinen Krug, damit ich trinken kann ! Wenn das Mädchen sagt: Trink nur; ich will auch deinen Kamelen zu trinken geben, dann weiß ich: Sie ist es, die du für deinen Diener Isaak bestimmt hast."
1. Mose 24, 13+14

18

Er setzt sich also an einen Brunnen und wartet, bis genau diese Frau vorbeikommt, die ihm und seinen Kamelen Wasser reicht. Eine etwas eigenwillige Methode, den Charakter eines Menschen zu erforschen. Aber Gott fügt es gut: die Frau, die der Knecht am Brunnen antrifft, ist Rebekka, die Nichte Abrahams, Isaaks Cousine. Und die Situation am Brunnen spielt sich erstaunlicherweise auch genauso ab, wie der Knecht es erhofft hat. Noch einmal: so weit, so gut. Doch die Geschichte geht weiter. Der Knecht erzählt daraufhin Rebekkas Familie von seinem „Deal" mit Gott. Die Frage, ob Rebekka nun die Frau von Isaak werden will, geht, wie damals üblich, an die Familie, d.h. an den Vater Betuel und an den Bruder Laban und nicht an Rebekka - hier geht es ihr allerdings nicht anders als Isaak, der von seinem Vater ja auch nicht gefragt wurde. Betuel und Laban fügen sich dem Willen Gottes, der nach ihrem Glauben diese Verbindung will. Groß ist das Vertrauen in das Wirken Gottes im Leben der Menschen. Auf die Frage, ob sie Rebekka dem Isaak zur Frau geben wollen, antworten sie dem Knecht:

"Das hat der Herr gefügt ! Wir können seine Entscheidung nur annehmen. Hier ist Rebekka, nimm sie mit ! Sie soll den Sohn deines Herrn heiraten, wie der Herr es bestimmt hat."
1. Mose 24, 50+51

Hier würde die Geschichte wahrscheinlich enden, wäre es die Geschichte irgendeines Volkes aus irgendeinem Buch. Und wahrscheinlich würde frau sich über Rebekkas Unmündigkeit ärgern und die Schuld für diese Wut in den damaligen Verhältnissen suchen. Doch die Bibel ist immer für eine Überraschung gut. So beschreibt unsere Geschichte die Abschiedsszene zwischen Rebekka und ihrer Familie folgendermaßen:

"Am anderen Morgen sagte Abrahams Verwalter zum Bruder des Mädchens und zu seiner Mutter: Lasst mich jetzt zu meinem Herrn zurückkehren ! Die beiden baten ihn: Lass sie doch noch eine Weile bei uns bleiben, nur zehn Tage; dann kann sie mit dir gehen ! Er aber sagte: Haltet mich nicht auf ! Gott in seiner Güte hat meine Reise gelingen lassen. Ich möchte jetzt zu meinem Herrn zurückkehren. Wir rufen das Mädchen, sagten die beiden, sie soll selbst entscheiden. Sie riefen Rebekka und fragten sie: Willst du mit diesem Mann mitgehen ? Rebekka sagte: Ja, das will ich. Da verabschiedeten sie Rebekka und ihre Amme und auch den Verwalter Abrahams mit seinen Leuten. Sie segneten Rebekka und sagten: Schwester, du sollst die Mutter von vielen Tausenden werden ! Mögen deine Nachkommen ihre Feinde besiegen und ihre Städte erobern ! Rebekka und ihre Dienerinnen machten sich reisefertig, setzten sich auf die Kamele und zogen mit dem Besitzverwalter Abrahams. "
1. Mose 24, 54-61

Da wird doch tatsächlich Rebekka selbst gefragt, ob sie mit dem Knecht zu Isaak ziehen will, um ihn zu heiraten. Das hat mich doch schon mächtig erstaunt. Und nicht nur das: Rebekka wird, als einzige Frau in der gesamten Bibel, von ihrer Familie, d.h. von ihrer Mutter und ihren Brüdern - also auch von Männern - gesegnet. Nur Maria, Mutter von Jesus, wird im Neuen Testament ebenfalls gesegnet, allerdings nicht von einem Mann, sondern von Elisabeth, ihrer Cousine. Rebekka indes wird eine große Nachkommenschaft gewünscht, und zu guter Letzt heißt es am Ende unserer Geschichte:

"Isaak führte Rebekka in das Zelt seiner Mutter Sara. Er nahm sie zur Frau und gewann sie lieb. "
1. Mose 24, 67

Der Segen, den Rebekka von ihrer Familie erhält, setzt sich also in ihrem Leben fort, indem die Beziehung zu Isaak glücklich wird. Durch die vielen Fügungen des Schicksals, durch Gottes vorgezeichneten Weg für Rebekka - nämlich: der Wunsch Abrahams, eine Frau für Isaak in der Heimat suchen zu lassen, die Brautwahl am Brunnen, der ihr erteilte Segen von der Familie - durch all dies hat Gott Rebekka seinen Segen zukommen lassen.

Diese Geschichte öffnete einen ganz neuen Horizont für die Menschen in der damaligen Zeit: sie macht nämlich deutlich, dass Frauen nicht vom Segen Gottes ausgeschlossen sind, sondern dass Gott seinen Segen allen Menschen zukommen lässt. Und genau diese Botschaft ist für uns heute ein Trost: wir alle erfahren immer wieder Gottes Zuwendung, indem er uns seinen Segen zuspricht - egal, ob Frau oder Mann.

Segne mich, Gott, ...

...nicht, dass ich keine Probleme mehr habe,
  sondern dass ich lerne, meine Probleme zu bewältigen.

...nicht, dass mich nichts mehr traurig macht,
  sondern dass ich die Kraft habe, Leid und Traurigkeiten ertragen zu können.

...nicht, dass ich reich bin an Geld und Luxus,
  sondern reich an Liebe, Wärme und Vertrauen zu Dir, Gott, und zu den Menschen, denen ich begegne.

...nicht, dass ich keine Schwächen habe,
  sondern dass ich lerne, mit meinen Schwächen umzugehen und dadurch Nachsicht übe mit den Schwächen der Anderen.

...nicht, dass ich alles richtig mache,
  sondern dass ich Fehler, die ich begehe, eingestehen und anderen dadurch ihre Fehler verzeihen kann.

Lea & Rahel –
der Streit der Schwestern

Lea und Rahel, zwei Schwestern, begegnen uns zum ersten Mal, als Jakob, der Sohn von Isaak und Enkel Abrahams, um Rahels Hand anhält. Es wird erzählt, dass Rahel, die jüngere, schön von Gestalt und Angesicht war, Leas Augen dagegen waren ohne Glanz. Sieben Jahre dient Jakob bei Laban, dem Vater der Frauen, einem Viehbesitzer, um Rahel. In der Hochzeitsnacht muss er aber feststellen, dass er betrogen wurde, denn er wurde mit Lea, der älteren Schwester, verheiratet. In einer neuen Abmachung heiratet Jakob auch Rahel, muss aber weitere sieben Jahre bei Laban dienen. Als Gott sieht, dass Lea von Jakob nicht geliebt wird, macht er sie fruchtbar; Rahel dagegen bleibt unfruchtbar. Lea gebiert Jakob vier Söhne, und bei jedem denkt sie: „Jetzt wird mein Mann mich lieben, dafür danke ich Gott". Rahel beneidet ihre Schwester und gibt Jakob ihre Leibmagd Bilha zur Frau, damit sie durch die Magd Kinder mit Jakob hat. Und Bilha gebiert zwei Söhne. Rahel spricht: „Mit Gottes Hilfe habe ich gegen meine Schwester gekämpft und habe gesiegt". Lea schenkt Jakob noch zwei weitere Kinder, und ebenso ihre Magd Silpa. „Nun wird Jakob bei mir bleiben" spricht Lea. Endlich erinnert sich Gott an Rahel und macht sie fruchtbar. Sie bekommt einen Sohn und freut sich: „Gott hat meine Schande von mir genommen". Nach einem weiteren Streit mit Laban, dem Vater von Lea und Rahel, ziehen Jakob und seine Frauen und alle seine Kinder nach Kanaan.

Nacherzählung von 1. Mose 29 - 31

Eigentlich dürfte ich hier gar nicht mitreden, denn ich habe keine Schwester, mit der ich aufgewachsen bin. Wie also über so etwas wie Schwestern-Beziehungen schreiben ? Gut, man könnte sagen, dass mit dem Begriff *"Schwestern"* im Prinzip alle Frauen gemeint sind. Und Beziehungen zu den unterschiedlichsten Frauen gibt es genug in meinem Leben. Da ist die Familie: die Mutter, später auch die Schwiegermutter, Tanten, Cousinen. Da sind die Freundinnen, Begleiterinnen in verschiedenen Lebensabschnitten. Und schließlich die Arbeitskolleginnen, Sportkameradinnen etc., kurz - alles Frauen, mit denen ich in irgendeiner Form in Beziehung stehe. Somit hat jede Frau irgendeine *Schwester*, im weitesten Sinne.

Auch Lea und Rahel haben eine besondere Beziehung. Sie sind leibliche Schwestern, und als diese setzt man eigentlich eine gewisse Art von Vertrauen voraus. Doch man wird eines Besseren belehrt, denn die zwei Frauen erfüllen alle Abmachungen der Männer, ohne sich miteinander zu besprechen. Diese Sprachlosigkeit zwischen beiden ist schon verwunderlich, denn ich stelle mir unter Schwestern eine größere Offenheit vor. Schließlich setzt sie die Situation der Doppelehe und die damals so wichtige Frage der Kinder in scharfe Konkurrenz zueinander. Letztendlich scheinen sich beide mit ihrem Schicksal arrangiert zu haben, doch ihre Beziehung zueinander bleibt rätselhaft. Die Art der Auseinandersetzung lässt viele Fragen offen. Warum lassen sich beide von den Männern in ihrem Leben so zu Konkurrentinnen machen ? Warum sprechen sie nicht schon früher miteinander, offenbaren sich ihre Ängste und Sorgen ? Warum suchen sie nicht nach einem gemeinsamen Weg, sondern leben jahrelang nebeneinander her, in ständigem Konkurrenz-Streit zueinander ? Warum findet kein klärendes Gespräch statt, das die Hindernisse der Beziehung aus dem Weg räumen könnte ? Die Geschichte von Lea und Rahel macht deutlich, dass Streit an sich durchaus in der Bibel vorkommt und damit zumindest als menschliche Eigenschaft erkannt wird. Die Geschichte macht mir ebenfalls deutlich, wie wechselhaft und unterschiedlich Streit sein kann. Und dennoch gefällt mir die Art des Streits von Lea und

Rahel nicht, denn er verhärtet nur die Fronten, statt sie aufzulösen.

Ich betrachte mich selbst und erstaunt, aber auch irgendwie erfreut, stelle ich fest: Ich streite eigentlich gern. Ich wehre mich gegen den gerade Frauen oft auferlegten Harmoniezwang, der wie ein langanhaltender Nieselregen auch nach Stunden nicht richtig erfrischt. Doch wenn ich streite, dann hoffe ich auf die Kraft eines meist kurzen, manchmal vielleicht auch heftigen Gewitters, dass das Klima reinigt. Wohlgemerkt, ich bin nicht streitsüchtig, streite nicht um des Streitens willen. Das heißt für mich auch, dass ich mein Gegenüber nur so behandle, wie ich selbst behandelt werden möchte - auch im Streit. Ich versuche, Konflikte, die nun einmal immer wieder auftreten, lieber gleich zu klären als sie , wie Lea und Rahel, viel zu lange vor mir herzuschieben. Sicher, das ist nicht immer leicht. Und manchmal muss man erkennen, dass eine Konfliktlösung nicht immer sofort und manchmal auch gar nicht möglich ist. Man muss dann lernen, dieses Gefühl der Ohnmacht auszuhalten. Und ich merke, wie trügerisch die Annahme ist, dass sich *Schwestern*, sprich: Frauen, untereinander einfach verstehen müssen, eben weil sie *Schwestern* sind. Vielleicht schmerzt ein Konflikt mit einer *Schwester* gerade deshalb besonders, weil genau diese Annahme mit dem Auftreten eines Konflikts enttäuscht wird.

Auch wenn die Umstände für den Streit zwischen Lea und Rahel uns heutzutage befremden, so kennen wir Frauen von heute die Situation der Konkurrenz untereinander nur zu gut. Ich denke, dass es uns *Schwestern* gerade deshalb gut tut, richtig streiten zu lernen, dass wir so etwas wie eine positive Streitkultur entwickeln können und müssen. Wir dürfen nicht dem Zwang erliegen, immer für Harmonie sorgen zu müssen. Denn so ein warmes Sommergewitter kann im Gegensatz zum nie enden wollenden Nieselregen die Luft für neue Annäherungsmöglichkeiten klären.

Streitereien – Damals & Heute

Ich bin Rahel. Ich glaube, Lea ist eifersüchtig auf mich, weil ich schöner bin. Aber hat sie nicht selbst schuld? Macht nichts von sich her. Sie könnte ja mal ein wenig mehr auf ihre Kleidung achten, oder sich ein wenig schminken. Allerdings hat sie Kinder und ich nicht....Naja, so hat jede von uns etwas zu bieten....

Eigentlich hätte ich den Job ja kriegen müssen. Wie die schon tippt: Zwei-Finger-Suchsystem. Wer weiß, wie die an den Job gekommen ist, man hört ja heutzutage die dollsten Geschichten. Naja, bei den Klamotten – der Rock ist ja auch nur noch ein breiter Gürtel. Damit will sie sich bestimmt beim Chef einschmeicheln. Okay, die hat zwar ein Studium absolviert, aber was hat das schon zu bedeuten. Ich werde sie einfach links liegen lassen, wenn sie mich fragen sollte, ob wir zusammen in die Kantine gehen wollen...aber vielleicht ist sie ja ganz nett...unterhalten kann man sich ja mal mit ihr....

Schifra & Pua -
der Mut der Hebammen

„Da kam in Ägypten ein neuer König an die Macht....Er sagte zu seinen Leuten: Die Israeliten sind so zahlreich und stark, dass sie uns gefährlich werden. Wir müssen etwas unternehmen, damit sie nicht noch stärker werden. Sie könnten sich sonst im Kriegsfall auf die Seite unserer Feinde schlagen, gegen uns kämpfen und dann aus dem Land fortziehen....Der König von Ägypten ließ die beiden hebräischen Hebammen Schifra und Pua rufen und befahl ihnen: Wenn ihr den hebräischen Frauen bei der Geburt beisteht, dann achtet darauf, ob sie einen Sohn oder eine Tochter zur Welt bringen. Die männlichen Nachkommen müsst ihr sofort umbringen, nur die Mädchen dürft ihr am Leben lassen. Die Hebammen aber gehorchten Gott und befolgten den Befehl des Königs nicht. Sie ließen auch die Söhne am Leben. Da ließ der König die Hebammen kommen und fragte sie: Warum widersetzt ihr euch meinem Befehl und lasst die Jungen am Leben ? Sie antworteten dem Pharao: Die hebräischen Frauen sind kräftiger als die ägyptischen. Bis die Hebamme zu ihnen kommt, haben sie ihr Kind schon längst zur Welt gebracht. So vermehrte sich das Volk Israel auch weiterhin und wurde immer mächtiger. Gott aber ließ es den Hebammen gut gehen. Weil sie ihm gehorcht hatten, schenkte er ihnen zahlreiche Nachkommen."
2. Mose 1, 8-10 + 15-21

Wer ist Schifra ? Wer ist Pua ?
Ich muss zugeben, dass ich bis vor kurzem diese Namen noch nie gehört hatte. Doch gerade das machte mich neugierig. Was haben diese zwei Frauen zu erzählen ? Was ist ihre Geschichte ? Schnell bekam ich heraus, dass die Geschichte einen grausamen Anfang hat. Kinder sollen getötet werden, und zwar von den zwei Frauen, um die es hier geht. Aber der Reihe nach...

Schifra und Pua waren Hebammen. Sie lebten mit ihrem Volk, den Hebräern, in Ägypten, fern der Heimat. Die Hebräer waren ein zahlreiches Volk, und genau das machte dem ägyptischen König Angst. Er befürchtete, dass sie sich eines Tages gegen ihn auflehnen und fortziehen könnten. Deshalb ließ er die Hebräer Sklavenarbeit verrichten und misshandelte sie. Doch es änderte nichts: denn je mehr der König versuchte, die Hebräer zu dezimieren, desto zahlreicher wurden sie, als wenn sie sagen würden: jetzt erst recht. Und so kam es zu dem schrecklichen Befehl an Schifra und Pua. Die beiden Hebammen sollten bei den Geburten die männlichen Nachkommen der hebräischen Frauen töten ! Der König versprach sich davon zwei Dinge: es würden keine weiteren Männer heranwachsen, die sich eines Tages als Soldaten gegen ihn stellen könnten. Und es würde keine weiteren hebräischen Nachkommen mehr geben, und die Hebräer würden langsam immer weniger werden. Welch grausamer Befehl ! Anstatt eine friedliche Koexistenz der beiden Völker anzustreben, tat er alles, um die Hebräer zu unterdrücken und zu dezimieren.

Es war eigentlich ein ganz klarer Befehl, den der König da an Schifra und Pua ausgegeben hatte. Und es war sicherlich gefährlich, einen Befehl des Königs zu missachten. Was also sollten die beiden Frauen tun ? Den Befehl befolgen ? Niemals ! Das konnte doch nicht Gottes Wille sein, dass sich sein Volk jetzt schon selbst tötet. Nein, Gott wollte, dass sein Volk lebt und wächst. Also ließen die zwei Frauen die Jungen am Leben.

Was aber sollten sie dem König sagen ? Es dauerte nicht lange, bis der König nachfragte, warum sein Befehl nicht beachtet wurde. Schifra und Pua wussten, dass es ein gefährliches Unterfangen war, doch hatten sie eine Wahl ? Wirklich eine Wahl? Die Frauen dachten sich einen Trick aus: sie sagten dem König, dass die hebräischen Frauen so viel kräftiger seien als die ägyptischen, dass sie die Kinder bereits geboren und fortgebracht hätten, wenn die Hebammen auftauchten. Schifra und Pua hatten

Glück. Der König schien ihren Worten zu glauben. Glück ? Oder vielmehr Gottes Schutz, der sie nicht nur vor einer Strafe durch den König bewahrt, sondern es ihnen gut gehen lässt und sie mit zahlreichen Nachkommen segnet ?

Eine erstaunliche Geschichte. Mich fasziniert der Mut der beiden Frauen. Bei solch einem brutalen König mussten sie schließlich mit dem Schlimmsten rechnen. Und doch vertrauten sie auf ihren Gott, dessen Willen sie über den Befehl des Königs stellten. Um das eigene Leben zu erhalten ein anderes Leben nehmen ? Nein, das war undenkbar für die zwei Frauen. Gott wird wissen, was zu geschehen hat...
Hätten wir so viel Courage ? Hätten wir so viel Kraft, so viel Vertrauen, so viel Entschlossenheit, wenn wir in einer ähnlichen Situation wären ? Wenn wir um unser eigenes Leben fürchten müssten ? Wenn wir etwas Schlechtes nicht tun dürften, obwohl wir dadurch unser Leben retten könnten ? Ich weiß es nicht. Und ich bin, ehrlich gesagt, froh darüber, dass dies bisher noch nicht nötig war. Und doch wünsche ich mir etwas von dem Mut der zwei Frauen. Und ich hoffe, dass ich genug Zivilcourage besitze, wenn ich in eine Situation komme, wo sie von mir gefordert wird. Dass ich nicht wegsehe, wenn Unrecht geschieht, sondern hinsehe und mich einmische. Gegen Vorurteile, gegen Unterdrückung, gegen Gewalt. Ich hoffe, dass ich nicht blind einem Befehl folge, obwohl ich eigentlich erkenne, dass er falsch ist. Und ich hoffe, dass ich dann genauso beschützt bin wie Schifra und Pua. Dass mich Gott begleitet, mich nicht allein lässt. Schifra und Pua haben auf Gott vertraut. Das will ich auch.

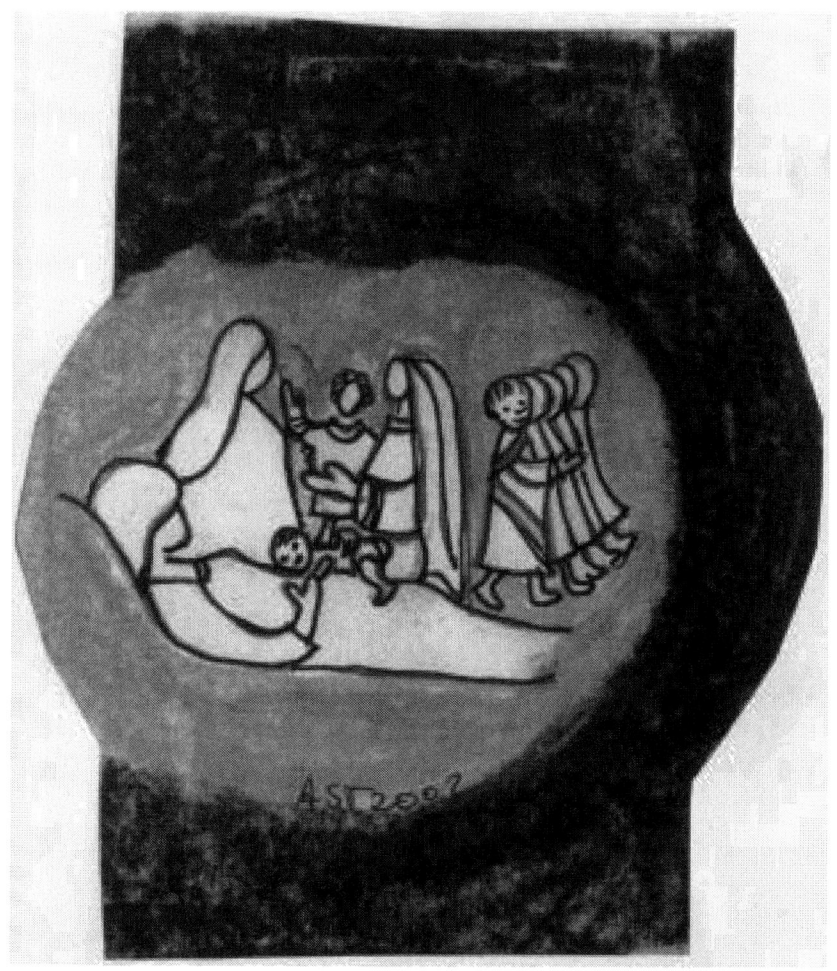

Ein Gebet

Gott,
so viel Gewalt, so viel Misstrauen, so viel Hass gibt es unter uns.
Niemand will etwas hören von Frieden, von Vertrauen, von Liebe.
Doch ich will so nicht weitermachen.
Ich will mich nicht hineinziehen lassen in den Strudel von Gewalt und Gegengewalt.
Deshalb bitte ich dich:
Gib mir den Mut, mich trotz aller Widerstände für den Frieden einzusetzen
und dem Unrecht, das begangen wird, entgegenzutreten.
Gib mir die Kraft, dem Misstrauen in der Welt dein Vertrauen entgegenzusetzen.
Denn du traust uns zu, gemeinsam einen friedvollen Weg zu finden.
Und schenke mir deine Liebe, damit ich sie weitertragen kann in die Herzen derer,
die von ihrem Hass zerstört werden.
Lass sie erkennen, dass du die Menschen liebst,
jeden einzelnen.

Amen.

Rahab -
das Wagnis des Vertrauens

Zwei Kundschafter der Israeliten kehrten bei Rahab in der Stadt Jericho ein. Als diese von den Wachtleuten der Stadt gesucht wurden, versteckte Rahab sie auf dem Dach ihres Hauses und verhalf ihnen später zur Flucht.

Rahab sprach zu ihnen: „Ich weiß, dass der Herr euch dieses Land gegeben hat. Alle seine Bewohner zittern vor euch, sie sind vor Angst wie gelähmt....Denn der Herr, euer Gott, hat die Macht im Himmel und auf der Erde. Ich bitte euch, schwört mir bei ihm, dass ihr an meiner Familie genauso handelt, wie ich an euch gehandelt habe."
Josua 2, 9+11-12

Als die Stadt Jericho von den Israeliten eingenommen wurde, ließ Josua, ihr Anführer, Rahab und ihre Familie in Sicherheit bringen.

Eine Geschichte wie ein moderner Spionagefilm. Eine Frau, noch dazu eine Prostituierte, versteckt den Feind, der sich in ihre Heimatstadt eingeschlichen hat, unter ihrem Dach, schickt die eigenen Soldaten gar auf die falsche Fährte. Anstatt das eigene Volk zu warnen, ermöglicht sie den Eindringlingen sogar die Flucht. Rahab – eine Verräterin ? Erst einmal muss man sie wohl so nennen. Sie hätte doch den König darüber informieren können, dass der Feind schon vor der Tür steht und im Begriff ist anzugreifen. Sie hätte die fremden Männer ausliefern können, damit sie ihrem Anführer nichts über die Lage in Jericho berichten könnten.

Doch hätte das wirklich etwas verändert ?

Josua, der Anführer der nahenden Israeliten, war fest entschlossen, die Stadt Jericho einzunehmen. Und er hatte einen verheißungsvollen Begleiter: Gott. Immer und immer wieder zeigte Gott Josua seine Vision: er werde die Völker des vor ihm liegenden Landes vertreiben, damit sich dort das israelitische Volk niederlassen kann. Man mag über diese gewalttätige Landnahme[8] entsetzt sein – ändern ließ sich Gottes Entschluss nicht mehr. Das hat wohl auch Rahab, die Frau aus Jericho, erkannt. Denn sie spricht zu den Kundschaftern: „Ich weiß, dass der Herr euch dieses Land gegeben hat....denn der Herr, euer Gott, hat die Macht im Himmel und auf der Erde". Rahab erkannte, dass es zwecklos wäre, sich gegen solch einen starken Gott aufzulehnen. Und wie hätte sie auch den König umstimmen sollen, ihn dazu bringen können, keinen Widerstand zu leisten ? Als Frau und vor allem als Prostituierte, war ihre Position in der Gesellschaft nicht gerade hoch angesehen. Außerdem schien der König fest entschlossen, dem Feind keinen Zentimeter nachzugeben. Er ließ kurzerhand die gesamte Stadt abriegeln. Niemand konnte hinein, aber auch niemand mehr heraus. Rahab war überzeugt davon, dass Jericho untergehen würde. Also tat sie das Naheliegendste: sie trotzte den israelitischen Kundschaftern einen Handel ab: dafür, dass sie die beiden Männer nicht verraten hatte, sollte sie und ihre Familie verschont werden. Es kam, wie Rahab es befürchtet hatte – die Mauern von Jericho fielen. Doch Josua, der von der Rettung seiner Männer durch Rahab erfahren hatte, hielt Wort. Niemand krümmte Rahab und ihrer Familie auch nur ein Haar. Sie konnten fliehen und ließen sich später im Lande Israel nieder.

Noch einmal die Frage vom Anfang: Rahab – eine Verräterin ? War es die Angst vor der Macht dieses fremden Gottes, die Rahab handeln ließ ? Oder war es vielmehr das verlorene Vertrauen in einen König, der nicht sah, dass er sein Volk durch seine Starrsinnigkeit in den Untergang führte ?

Es war mehr. Rahab begann, an diesen Gott der Israeliten zu glauben. An seine Pläne mit seinem Volk, an seine Macht im Himmel und auf der Erde. Und sie vertraute ihm. Denn eigentlich wusste sie doch gar nicht, ob die Israeliten sich an den abgemachten Handel halten würden, welche Zukunft sie nach dem Untergang Jerichos erwartete. Doch aufgrund dieses neuen Glaubens riskierte Rahab viel – und sie gewann.

„Glauben heißt Vertrauen, und im Vertrauen bezeugt sich die Wirklichkeit dessen, worauf wir hoffen. Das, was wir jetzt noch nicht sehen: im Vertrauen beweist es sich selbst.....Solches Vertrauen rettete der Hure Rahab das Leben. Sie hatte die israelitischen Kundschafter freundlich aufgenommen; deshalb wurde sie nicht zusammen mit den anderen getötet, die sich Gott widersetzten."
Hebräer 11, 1+31

Ruth -
Treue wird belohnt

„Wohin du gehst, dorthin gehe ich auch;
wo du bleibst, da bleibe ich auch.
Dein Volk ist mein Volk
und dein Gott ist mein Gott. "
Ruth 1, 16

Jedes Mal, wenn ich die Geschichte der Ruth lese, erfasst mich
eine seltsame Faszination. Ein Mann verlässt mit seinen Eltern
und seinem Bruder seine Heimat, heiratet eine einheimische Frau
- und stirbt, ebenso der Vater und der Bruder. Zurück bleiben drei
Frauen, voller Trauer um ihre Männer und bangend um ihre
Zukunft. Und zwei der Frauen verlassen wiederum ihre Heimat ,
eine davon geht in ein ihr völlig fremdes Land, in eine ihr völlig
unbekannte Zukunft. Ich lese und staune: das einzige Motiv für
ihre Handlung ist ihre Liebe und Treue zu ihrer Schwiegermutter
Noomi, die ebenfalls ihren Mann und dazu ihre beiden Söhne
verloren hat. Verrückt, dachte ich, da gehen zwei Frauen direkt in
ihr Verderben. So oder ähnlich muss auch Noomi gedacht haben,
als sie bei ihrer Ankunft in Bethlehem darum bittet, nicht mehr
Noomi, was übersetzt "die Liebliche" heißt, sondern Mara, "die
Bittere" genannt zu werden. Denn der Allmächtige, so klagt sie,
habe viel Bitteres über sie verhängt. Ich kann die Verzweiflung
förmlich spüren, die angesichts der Schicksale der beiden Frauen
nur allzu verständlich ist.
Doch umso erstaunter bin ich dann über das, was folgt. Anstatt
wehklagend dem Schicksal die Führung zu überlassen, nehmen
die Frauen es selbst in die Hand. Angesichts der damals
herrschenden gesellschaftlichen Strukturen schon ein mutiger
Schritt, denn viel Spielraum blieb den beiden nicht. Es war ihnen
nicht möglich, das Erbe der verstorbenen Männer anzunehmen,

sie konnten den Landbesitz der Familie weder verwalten noch veräußern und zu Geld machen, um sich so die Zukunft "männerlos" zu sichern. Und doch - es klingt schon sehr abenteuerlich, fast schon riskant, was sich die beiden Frauen ausdenken......

Es war in der damaligen Zeit üblich, dass der nächste männliche Verwandte eine junge Witwe heiratet und mit ihr Nachwuchs im Namen des Verstorbenen zeugt, damit so der Familienbesitz gehalten werden konnte. Auch in der Familie des verstorbenen Ehemannes von Ruth gab es dafür in Frage kommende Verwandte. Einer dieser Männer war Boas, ein Alleinstehender mit einigem Landbesitz. Ruth hatte ihn kennen gelernt, als sie um die Erlaubnis bat, während der Gerstenernte die übrig gebliebenen Ähren sammeln zu dürfen, um für sich und ihre Schwiegermutter den Lebensunterhalt zu sichern. Allerdings war er nicht der erste Anwärter für die Heirat, denn es gab noch einen näheren Verwandten. Nun hatte Ruth Gefallen an Boas gefunden, und so handelte sie. Sie verbrachte mit ihm eine Nacht, von allen anderen und auch anfangs von Boas unerkannt, und nahm ihm das Versprechen ab, sich um ihr Schicksal zu bemühen. Er sollte mit dem ersten Heiratsanwärter verhandeln und sie, Ruth, heiraten, wenn der andere Verwandte nicht will. Und er versprach ihr, dies zu tun. Nicht ganz ohne Risiko, diese Nachtaktion. Denn was wäre aus Ruth geworden, wenn sie jemand erkannt oder Boas sie hinausgeworfen hätte ? Doch Ruth war zuversichtlich, denn sie war sich sicher, dass der Gott ihrer Schwiegermutter, der nun auch ihr Gott war, sie nicht verlassen würde. Das Schicksal meinte es tatsächlich gut mit den Frauen. Boas hielt sein Versprechen und regelte die Heiratsfrage. Er selbst war der Mann, der Ruth zur Frau nahm. Und sie gebar einen Sohn....

Die Geschichte von Ruth und ihrer Schwiegermutter ruft mir ein mal gelesenes Zitat ins Gedächtnis: "Leben zu geben, ist Gottes Sache, es zu gestalten, Sache der Menschen." So ähnlich ist es geschehen. Mit dem wissenden Wohlwollen Gottes hat der aktive, handelnde Mensch sein Schicksal gemeistert. Die Menschen, und gerade die Frauen, sind keine Marionetten im großen Plan Gottes mit der Welt - Gott verlangt von keinem Menschen untätiges Stillhalten. Mit dem Vertrauen auf Gottes Hilfe kann der Mensch entscheidend an seinem Schicksal mitarbeiten. Denn auf das Vertrauen und die Treue kommt es an: „Wohin du gehst, dorthin gehe ich auch; wo du bleibst, da bleibe ich auch." In der Treue von Ruth zu ihrer Schwiegermutter Noomi und ihrem entschiedenen Handeln erkenne ich Gottes Treue zu uns Menschen. Denn er lässt die beiden Frauen nicht im Stich, sondern begleitet sie auf ihrem Weg und fügt das Schicksal der Beiden ins Gute.

Und noch etwas zeigt mir die Geschichte: die Moabiterin Ruth, die Fremde, erfährt das Wohlwollen des israelitischen Gottes. Sie wird die Urgroßmutter von König David und eine der Stammmütter von Jesus Christus, wie es im Matthäus-Evangelium berichtet wird. Gott belohnt ihre Treue und ihren Glauben an sein Wirken. Und er befindet die Beziehung von ihr, der Fremden, zu Angehörigen seines Volkes für gut. Durch die Bejahung der grenzüberschreitenden, völkerverbindenden Beziehung von Ruth und Noomi und später von Ruth und Boas überwindet Gott die tiefe Kluft zwischen den Israeliten und den anderen Völkern der Welt. Die Geschichte der Moabiterin Ruth wird dadurch zu einem Stück Gottesgeschichte mit der ganzen Welt.

„Abraham zeugte Isaak.
Isaak zeugte Jakob.
Jakob zeugte Juda und seine Brüder.
Juda zeugte Perez und Serach; die Mutter war Tamar.
Perez zeugte Hezron.
Hezron zeugte Ram.
Ram zeugte Amminadab.
Amminadab zeugte Nachschon.
Nachschon zeugte Salmon.
Salmon zeugte Boas; die Mutter war Rahab.
*Boas zeugte Obed; die Mutter war **Ruth**.*
Obed zeugte Isai.
Isai zeugte den König David.
David zeugte Salomo....
....Jakob zeugte Josef, den Mann von Maria.
Sie wurde die Mutter von Jesus,
der Christus genannt wird. "
Matthäus 1, 2-6+16

Hanna -
ein Gebet wird erhört

„Der Herr tötet und macht lebendig,
er verbannt in die Totenwelt
und er ruft aus dem Tod ins Leben zurück.
Er macht arm und er macht reich,
er bringt die einen zu Fall
und andere erhöht er.
Die Armen holt er aus der Not,
die Hilflosen heraus aus ihrem Elend;
er lässt sie aufsteigen in den Kreis der Angesehenen
und gibt ihnen einen Ehrenplatz.
Denn die Grundpfeiler der Erde gehören dem Herrn;
auf ihnen hat er die Erde errichtet. "
1. Samuel 2, 6-8

Hanna, die Unglückliche. Hanna, die Mutige. Hanna, die Zuversichtliche. Hanna, die Gesegnete: Hanna, die Prophetin. Hanna, eine interessante Frau. Warum ?

Das Leben hatte es bisher mit Hanna nur bedingt gut gemeint. Zwar hatte sie einen Mann, der sie über alles liebte. Auch waren sie nicht gerade arm, mussten keinen Hunger leiden. Und doch trübte etwas ihre Freude, denn Hanna war kinderlos – ein Umstand, der in der damaligen Zeit viel lebensbestimmender war als heute. Mag man sich heute auch darüber ärgern, dass eine Frau über die Anzahl ihrer Kinder definiert wurde - auch heute noch ist es eine für viele Paare nur schwer zu akzeptierende Tatsache – und für Hanna war ihre Kinderlosigkeit genau das, eine schwer zu akzeptierende Tatsache. Zumal die Zweitfrau ihres Mannes Kinder von ihm empfangen hatte und kaum eine

Gelegenheit ausließ, um Hanna dies vor Augen zu führen. Hanna, die Unglückliche.

Doch eines Tages wollte Hanna diese Tatsache nicht länger akzeptieren. Sie wollte nicht länger gedemütigt werden, nicht länger die hämischen Blicke der Anderen ertragen. Sie wollte Gott ihr Leid klagen, ihn bitten, sie auch mit einem Kind zu segnen. So ging sie in den Tempel und betete. Dabei wurde sie von Eli, dem Priester, beobachtet. Kaum zu glauben – er hielt Hanna für betrunken, da sie nur leise vor sich hin gebetet hatte. War das denn so ungewöhnlich, dass eine Frau zum Tempel ging und betete ? Das war es wohl, denn selbst bei den Gottesdiensten waren Männer und Frauen strikt getrennt, und die Frauen durften nicht in gleicher Weise am Gebet teilnehmen wie die Männer. So hatten sie sich wohl in ihre passive Rolle gefügt. Um so erstaunter war deshalb der Priester, als er Hanna beten sah. Hanna, die Mutige.

Eli, der Priester, sprach sie an. Hanna erklärte, dass sie Gott ihr Leid geklagt hatte. Eli segnete sie daraufhin und tröstete sie: „Gott wird deine Bitte erfüllen." Als Hanna nach Hause zurückkehrte, war sie nicht mehr traurig. Glaubte sie so fest daran, dass Gott sie erhören würde ? Hanna, die Zuversichtliche.

Und Gott erhörte sie. Hanna gebar einen Sohn, Samuel[9]. Sie hatte versprochen, dass sie ihr Kind Gott weihen würde, sobald es drei Jahre alt ist. Sie erfüllte ihr Versprechen und brachte Samuel mit drei Jahren zum Tempel, damit er fortan dort Gott dienen konnte. Gott aber sah ihre Treue und segnete sie mit weiteren Kindern. Hanna, die Gesegnete.

Als Hanna Samuel zum Tempel brachte, um ihr Versprechen einzulösen, betete sie erneut. Nur diesmal war es keine Bitte, keine Klage. Hanna sprach eine Gebet, wie es ähnlich von Maria, der Mutter Jesu, im „Magnificat" gebetet wurde. Hanna sprach von Gottes Gerechtigkeit – eine Gerechtigkeit, die die Schwachen ermutigt und die Starken entwaffnet; die die Reichen für ihr Brot arbeiten lässt und die Armen ernährt; die tötet und lebendig macht und alle Ungerechtigkeiten auf der Erde tilgt. Woher wusste Hanna von diesen Dingen ? Wieso hatte Gott gerade Hanna diese Einblicke in sein Wirken gewährt ? War es ihre Zuversicht, ihr Glaube, der ihr Herz für diese Wahrheiten öffnete ? Gott jedenfalls ließ Hanna Erkenntnisse erlangen, Visionen erahnen, wie es nicht viele Menschen erleben dürfen. Hanna, die Prophetin.

Hanna, eine interessante Frau. Darum !

Prophetin,
was bringt die Zukunft ?
Kannst du uns sagen, wie es uns ergeht
in der kommenden Zeit ?
Warum schweigst du ?
Kannst du nicht -
willst du nicht -
sollst du nicht
sagen, was wird ?
Oder hören wir nur nicht richtig hin ?
Mahnerin,
Kritikerin,
Trösterin
wirst du genannt.
Ist es das, was du bist ?
Botschafterin,
Verkünderin
seines Wortes ?
Keine billige Hellseherei,
keine Scharlatanerie –
sondern seine Wahrheit
und unsere Wirklichkeit ?
Keine verlogene Schönfärberei
oder hinterhältige Panikmache ?
Sondern Gottes Trost
und seine Zusage,
uns niemals allein zu lassen ?
Sieht so unsere Zukunft aus ?
Prophetin,
ich beginne dich zu hören....
Halleluja !

Abigail –
ihre Klugheit rettet Leben

„Gepriesen sei der Herr, der Gott Israels, rief David, dass er dich in diesem Augenblick mir entgegengeschickt hat. Und gepriesen sei deine Klugheit! Gesegnet sollst du sein, weil du mich davor bewahrt hast, eigenmächtig Rache zu nehmen und Blutschuld auf mich zu laden. Ich schwöre dir beim Herrn, dem Gott Israels, der mich davor bewahrt hat, dir etwas zuleide zu tun: Wenn du mir nicht so schnell entgegengekommen wärst, hätte Nabal morgen früh, wenn es hell wird, von seinen Männern keinen mehr am Leben gefunden."
1. Samuel 25, 32-34

Um es ganz klar vorweg zu sagen: Die Geschichte der Abigail, ihre Begegnung mit David, wird nicht um ihretwillen erzählt – sie ist ganz und gar eingebettet in die Geschichte des berühmten David, seinem Weg zum Königtum, seinem Wirken in und für Israel. Sie spielt in einer Zeit, als David vor Saul, dem damaligen König, fliehen muss. Er lebt mit einigen hundert Gefolgsleuten davon, für reiche Bauern und Viehzüchter das Vieh vor Diebstahl zu schützen. Auch Abigails Ehemann, Nabal, ist einer dieser Großbauern. Noch also ist David nicht der glorreiche Herrscher über Israel, noch ist die Prophezeiung Samuels[10], dem Propheten, der David als jungen Mann salbte und ihm eine große Zukunft voraussagte, nicht eingetreten. Und so ist es erst einmal verständlich, wenn Nabal ablehnend reagiert, als die Männer von David zu ihm geschickt werden, um Nahrung einzufordern:

„David ? Wer ist das ? Sohn von Isai ? Nie von ihm gehört !
Heutzutage gibt es genug Knechte, die ihren Herren
davongelaufen sind und ein Räuberleben führen. Mein Brot und
mein Trinkwasser und die geschlachteten Tiere hier sind für
meine Schafscherer. Soll ich es etwa Leuten geben, von denen ich
nicht einmal weiß, woher sie kommen ?"
1. Samuel 25, 10+11

Wer gibt denn heute schon freiwillig etwas von seinem Reichtum
an Menschen, die er überhaupt nicht kennt ? Nabal will seinen
Reichtum ganz für sich allein, um seine Bedürfnisse nach
reichhaltiger Speise und ebenso viel Wein zu befriedigen. Dabei
scheint er aber das Wichtigste zu vergessen – wem er nämlich
diesen Reichtum verdankt: Gott ! Und er denkt schon gar nicht
daran, den Segen Gottes, der ihm durch eine reiche Ernte und eine
erfolgreiche Viehzucht zuteil wurde, mit Bedürftigen zu teilen –
erst recht nicht, wenn er sie nicht kennt. Er verletzt damit nicht
nur das Gebot der Gastfreundschaft, sondern er verweigert ebenso
den Friedensgruß, den David ihm überbringen lässt:

„Glück und Heil für dich und deine Familie und für alles, was dir
gehört."
1. Samuel 25,6

Der Shalom, der Frieden des Volkes Israel lebt durch das
Miteinander, durch die Begegnung von Menschen. Und genau
diesen Frieden will Nabal nicht leben. Er schottet sich ab, will mit
den Gästen nichts zu tun haben und schickt sie ohne irgendeine
Art von Zuwendung fort. Die Antwort von David kommt prompt:
Er will die gesamte männliche Knechtschaft und die männlichen
Familienangehörigen vernichten ! Er ist gekränkt, fühlt sich
weggestoßen. David ist in den Augen von Nabal nur ein
„Outlaw", ein Knecht, der hierarchisch gesehen weit unter ihm
steht. Für David ist Nabal aber ein Bruder im Glauben, wie er ein
Gottesgläubiger, der aber das ehrliche Friedensangebot

kaltschnäuzig ablehnt und sich damit dem Zuspruch Gottes entzieht.

Aber rechtfertigt das die drastische Reaktion Davids ? Er, der Erwählte Gottes, dessen Wirken so stark sein wird, dass Jesus beim Einzug in Jerusalem mit den Worten „Hosianna dem Sohne Davids" begrüßt wird, handelt so gar nicht wie ein Erwählter. Sondern wie ein zorniger, rachsüchtiger Krieger, der mit seinem Vorhaben vor allem seinen eigenen Frieden sucht. Doch hier, genau an dieser Stelle, taucht Abigail auf. Sie, die bisher das scheinbar normale Leben einer israelitischen, reichen Frau lebte, beginnt eigenmächtig zu handeln. Sie packt genug Lebensmittel für die Männer Davids auf einige Esel und zieht David entgegen. Als sie ihm begegnet, wirft sie sich vor ihm nieder und bittet um Verständnis für ihr Vorgehen. Was ist der Grund für diese Handlungsweise ? Will sie um das Leben ihrer Knechte und Familienangehörigen bitten ? Will sie versuchen, David von seinem grauenvollen Vorhaben abzuhalten ? Die Antwort auf diese Fragen gibt Abigail uns selbst mit den Worten, die sie zu David spricht:

„Verzeih mir, dass ich so vermessen war, dir in den Weg zu treten. Ich weiß, der Herr wird dich zum König machen und dein Königshaus wird für immer bestehen. Du bist ja der Mann, durch den der Herr seine Kriege führt; und dein Leben lang wird dir niemand ein Unrecht vorwerfen können. Wenn dich jemand verfolgt und dich umbringen möchte, wird er dir nichts anhaben können. (...) Wenn dann der Herr alle seine Zusagen eingelöst und dir die Herrschaft über Israel gegeben hat, wirst du froh sein, dass dein Gewissen rein ist und du dir nicht selbst zu deinem Recht verholfen und ohne Grund Blut vergossen hast."
1. Samuel 25, 28-31

Abigail erkennt, anders als ihr Mann Nabal, in David den Erwählten Gottes. Was David selbst vielleicht schon nicht mehr richtig zu glauben wagte, all dies spricht nun eine Frau, die er zum ersten Mal in seinem Leben sieht, aus: Er ist auch weiterhin der von Gott Berufene, Gottes Plan mit ihm bleibt bestehen. Und nun erkennt man, dass sich Abigail mit dieser Prophezeiung als Prophetin auszeichnet und sich damit in die Gruppe der Frauen einreiht, die immer wieder auf Gottes Heilsplan erscheinen, wie z.B. Miriam, die Schwester von Moses, wie Ruth, die Urgroßmutter Davids oder wie Maria Magdalena aus dem Neuen Testament, die eine Hauptzeugin für die Auferstehung Jesu wird. Abigail ruft David dazu auf, sich nicht in Blutschuld zu begeben und von seinem Vorhaben abzulassen. Ein solcher Akt des Grauens, wie David ihn vorhat, wird einem Erwählten Gottes nicht gerecht – Gott wird die Feinde Davids schon selbst richten. Wenn wir die Geschichte weiter verfolgen, sehen wir, wie sich diese Aussage bestätigt: Als Nabal vom Vorfall zwischen seiner Frau und David erfährt, trifft ihn der Schlag und einige Tage später stirbt er. Er hat den Zuspruch Gottes verloren, als er dem hilfesuchenden David und seinen Männern *seinen* Zuspruch verweigerte. Nabal stirbt, weil er nicht merkt, wie er sich über David von Gott abgewandt hat. David indes erkennt die Gnade, die ihm Gott mit Abigail zukommen lässt, und so antwortet er ihr:

„Gepriesen sei der Herr, dass er dich in diesem Augenblick mir entgegengeschickt hat. (...) Gesegnet sollst du sein, weil du mich davor bewahrt hast, eigenmächtig Rache zu nehmen und Blutschuld auf mich zu laden."
1. Samuel 25, 32+33

Und er handelt seinen Worten entsprechend. Abigail läuft nach dem Tode Nabals Gefahr, völlig mittellos dazustehen, denn Nabals Besitz würden seine männlichen Verwandten erben. Und deshalb verknüpft Gott das Schicksal Abigails mit dem Davids auch weiterhin: Sie wird Davids Frau und bleibt unter seinem und somit unter Gottes Schutz.

Ein Lied

Waffen zerstören die Erde im Krieg
Mut, Mut sich zu wehren
Christus errang ohne Waffen den Sieg
Grund, Grund sich zu freuen

Reichtum als Lebensziel bringt andern Not
Mut, Mut sich zu wehren
Teilen als Lebensstil hindert den Tod
Grund, Grund sich zu freuen

Hass führt zu Einsamkeit, Blindheit und Streit
Mut, Mut sich zu wehren
Liebe ist stärker, die Liebe reicht weit
Grund, Grund sich zu freuen

Text: Michael Benckert
Musik: Oskar Gottlieb Blarr

Die Frau von En Dor -
der direkte Draht zu Gott

"Der Prophet Samuel war gestorben...ganz Israel hatte für ihn die Totenklage gehalten. Übrigens hatte Saul alle Totenbeschwörer und Wahrsager im Land ausgerottet....Als Saul das Heer der Philister sah, erschrak er und wurde ganz verzagt. Er fragte den Herrn, was er tun sollte. Doch der Herr gab ihm keine Antwort, weder durch einen Traum noch durch das Los noch durch das Wort eines Propheten. Darum befahl Saul seinen Leuten: „Sucht mir eine Frau, die Verstorbene herbeirufen kann ! Ich will zu ihr gehen und sie um Rat fragen." „In En Dor gibt es eine", sagten sie ihm. Saul zog fremde Kleider an, machte sein Gesicht unkenntlich und ging mit zwei Begleitern dorthin. Es war Nacht, als sie ankamen. Saul bat die Frau: „Du musst für mich einen Totengeist beschwören und mir die Zukunft voraussagen...Rufe Samuel !" Als die Frau Samuel erblickte, schrie sie auf und sagte zu Saul: „Warum hast du mich hintergangen? Du bist ja Saul !" „Du brauchst nichts zu fürchten", erwiderte der König. „Sag, was du siehst." „Ich sehe einen Geist aus der Erde heraufsteigen", berichtete sie...„Es ist ein alter Mann", sagte sie, „er trägt einen Prophetenmantel". Daran erkannte Saul, dass es Samuel war.
Auszüge aus 1. Samuel 28, 3-14

In unserer Welt empfinde ich immer wieder eine Dualität von GUT und BÖSE. Die Übergänge sind sicherlich fließend, etwas vollkommen GUTES oder BÖSES gibt es wohl nur einmal: GUT ist Gott, und BÖSE ist Satan. Dennoch ist für mich auch in unserer Welt eine Polarität erkennbar.

Hexen werden im allgemeinen zur sog. „bösen Seite" gezählt. Mit der Argumentation, dass sie „Teufelsdienerinnen" seien, hat die Kirche viele Menschen, vor allem Frauen, in der frühen Neuzeit verfolgt und getötet. Ihnen wurde neben der Teufelsbuhlschaft u.a. die Fähigkeit zugesprochen, Macht zu haben über „böse" Kräfte und mit diesen die anderen Menschen verhexen, d.h. ihnen Böses anhängen, aber auch, die Zukunft voraussagen und mit Toten sprechen zu können.

Auch Saul, der König der Israeliten, vertrieb erst einmal alle Geisterbeschwörer und Zeichendeuter aus dem Land, und er stützte sich dabei sicherlich auf Bibelverse wie:

„Wendet euch nicht an Wahrsager und an Leute, die die Geister der Toten befragen. Wer das tut, macht sich unrein."3. Mose 19, 31

Doch als Gott Saul nicht mehr antwortete und Gottes Bote, der Prophet Samuel, gestorben war, erinnerte er sich an eine dieser Geisterbeschwörerinnen und bat sie um Hilfe. Der Schreck auf ihrer Seite war groß, als sie erfuhr, wen sie da vor sich hatte. Doch Samuel beruhigte sie und bat sie, Samuel aus dem Reich der Toten heraufzuholen. Und die Frau von En Dor tat es und ermöglichte Saul so, über Samuel mit Gott zu kommunizieren. Wie ein Sprachrohr Gottes fungierte hier die Geisterbeschwörerin, nichts war zu spüren von den bösen Verschwörungen, die solchen Frauen auch in der Bibel vorgeworfen wurden.

Die klare Zuordnung Hexe=böse kann also nicht aufrecht erhalten werden. Gerade das heutige Verständnis von Hexen geht mehr auf die medizinischen Fähigkeiten der Hexen ein und entdeckt damit eine ganz andere Vorstellung dieser Frauen. Und auch wenn wir das böse Bild von ihnen immer wieder vorgehalten bekommen, z.B. in Märchen wie Hänsel & Gretel, gibt es durchaus andere Beispiele wie „Die kleine Hexe" von Otfried Preußler oder Bibi Blocksberg, die moderne Version der kleinen Hexe. Die erkennbare Schwierigkeit bei der Einteilung von Hexen in GUT oder BÖSE wird besonders deutlich, wenn man sich die sog. Hexenmittel[11] ansieht. Unbekanntes ist da erst einmal unheimlich. Und es bleibt der Respekt und auch die Angst vor bestimmten Kräften. Aber muss dadurch gleich alles schlecht, böse sein ? Kann es im Gegenteil nicht sogar auch hilfreich, heilend sein ? Ich denke dabei an solche auch heute noch für viele unerklärlichen, aber immer anerkannteren Phänomene wie z.B. Hypnose oder Autogenes Training. Oder die mittlerweile bekannten heilenden Wirkungen vieler Kräuter und Pflanzen. Natürlich gibt es auch hier Scharlatanerie und Gaunerei. Ich bezweifle die Seriosität von Frauen, die in einem Fernsehspot ihre Dienste als Tarot-Kartenlegerin per Telefon anbieten. Doch nicht die Hexerei selbst mit allem, was man darunter fassen kann, ist grundsätzlich schlecht, sondern der Mensch, der sie anwendet.

Was also ist die Botschaft unseres Textes ? Vielleicht die Einsicht, dass es keine einfache Schwarz-Weiß-Malerei geben darf. Jede Handlung eines Menschen muss einmalig beurteilt werden. Ich werde jedenfalls in Zukunft genauer hinschauen. Ein mögliches Kriterium für die Überprüfung, ob etwas GUT oder BÖSE ist, könnte die Frage sein, ob es gut tut oder weh tut, d.h. ob es hilft oder schadet. Denn eine Hexe kann, wie wir in unserer Geschichte gelesen haben, durchaus Gutes tun.

„*Die kleine Hexe*"
von Otfried Preußler

„Und so etwas hätte ich morgen Nacht um ein Haar auf den Blocksberg gelassen ! Pfui Rattendreck, welch eine schlechte Hexe!" „Wieso denn ?" fragte die kleine Hexe betroffen. „Ich habe doch immer nur Gutes gehext !" „Das ist es ja !" fauchte die Oberhexe. „Nur Hexen, die immer und allezeit Böses hexen, sind gute Hexen ! Du aber bist eine schlechte Hexe, weil du in einem fort Gutes gehext hast !"

Dann sollte jede Hexe eine "schlechte" Hexe sein !

Waschti –
eine Frau bleibt sich treu

Von der Königsburg in Susa aus herrschte einst König Xerxes über das mächtige Perserreich. Im dritten Jahr seiner Regierung gab er ein Fest für alle führenden Männer des gesamten Reiches. Volle sechs Monate stellte der König seine Macht und seinen unermesslichen Reichtum zur Schau. Königin Waschti veranstaltete ebenfalls ein Fest, für die Frauen. Am siebten Tag des Festes befahl König Xerxes in seiner Weinlaune, die Königin im Schmuck ihrer Krone herzubringen. Alle seine Gäste, die führenden Männer seines Reiches und die Bewohner seines Palastbezirks, sollten ihre außerordentliche Schönheit bewundern. Königin Waschti aber weigerte sich, dem Befehl des Königs zu gehorchen. Da packte den König der Zorn. Sofort besprach er sich mit seinen Ratgebern. Einer von ihnen sprach: „Was die Königin getan hat, wird sich unter allen Frauen herumsprechen. Sie werden auf ihre Männer herabsehen und sagen: König Xerxes befahl der Königin Waschti, vor ihm zu erscheinen; aber sie weigerte sich. Der König sollte an ihrer Stelle eine andere zur Königin machen, die besser ist als sie. Wenn dieser Beschluss des Königs in seinem ganzen Reich bekannt wird, werden alle Frauen, von den vornehmsten bis zu den einfachsten Familien, ihren Männern den schuldigen Respekt erweisen." Der König schickte daraufhin einen Erlass in alle Provinzen seines Reiches. Auf diese Weise wollte er sicherstellen, dass jeder Mann in seinem Haus der Herr bleibt.
Nacherzählung von Ester 1

Ich erinnere mich noch gut an die Konfirmation meines 4 Jahre älteren Bruders. Ich sollte ein Kleid anziehen – grün mit orangen Blümchen, dazu orangefarbene Kniestrümpfe. Alles Farben, die damals sehr im Trend waren. „Seht mal, wie niedlich sie aussieht", höre ich noch heute meine Oma sagen. Doch ich fühlte mich trotzdem völlig unwohl; ich kam mir irgendwie vorgeführt vor. Aber ich machte gute Miene zum bösen Spiel und trug dieses Kleid. Wenn man heute Fotos von mir an diesem Tag sieht, erkennt man, wie peinlich mir das Ganze war. Doch ich traute mich nicht, NEIN zu sagen.

Einige Jahre später fand meine eigene Konfirmation statt, und wieder kamen gut gemeinte Ratschläge zu meinem Outfit – man trägt dunkle Farben (schwarz oder blau), junge Frauen müssen eine Perlonstrumpfhose und hochhackige Schuhe anhaben usw. Doch diesmal ließ ich mich nicht darauf ein, diesmal setzte ich meinen eigenen Kopf durch: ich trug weiße Söckchen statt Perlonstrümpfen, und statt einem dunklen Blazer eine hellrosa Weste. Ein diplomatisches Friedensangebot war der dunkelblaue Rock, den ich trug und der meine Mutter dann doch noch mit meinem rosa Farbtupfer versöhnte. Auf den Fotos meiner Konfirmation kann man förmlich sehen, wie wohl ich mich gefühlt habe, denn es war allein meine Entscheidung gewesen, was ich anhatte.

Sicher, hier ging es jeweils nur um solch eine banale Frage wie die der Kleidung. Aber irgendwie ist es schon typisch für mich. Ich habe auch in anderen Bereichen meines Lebens gelernt, meinen eigenen Weg zu finden und der Meinung anderer entgegenzutreten, wenn sie meiner eigenen zu sehr widerspricht. In unserer Geschichte aus der Bibel ging es Waschti vielleicht auch besser, weil sie NEIN gesagt hatte und sich nicht vorführen ließ. Sicherlich war die daraus resultierende Konsequenz furchtbar: Waschti wurde vom König verstoßen in eine völlig ungewisse Zukunft, nur um die Vormachtstellung des Mannes im Königshaus und dadurch in allen Häusern des Landes zu stärken. Wir erfahren nichts weiter über Waschti. Wir wissen nicht, wie es ihr nach dem Auszug aus dem Königshaus ergangen ist. Deutlich wird jedoch, dass Waschti nicht um den Verbleib in ihrer Rolle gekämpft hat, im Gegenteil. Sie ist sich selbst und ihrem NEIN gegenüber dem König treu geblieben, trotz - oder vielleicht wegen ?- der radikalen Veränderung in ihrem Leben.

Ich kann mir natürlich auch Situationen vorstellen, in denen es klüger sein kann, nicht auf einem kompromisslosen NEIN zu beharren; in denen man nicht taub sein darf gegenüber anderen; in denen man es vermeiden sollte, einfach blind seinen Kopf durchsetzen zu wollen, nur um ihn durchzusetzen. Manchmal kommt man viel weiter, wenn man dem anderen entgegengeht, Kompromisse akzeptiert, sich vielleicht auch mal überzeugen lässt, oder geschickt versucht, mit viel Geduld den anderen dazu zu bringen, das gleiche zu wollen wie man selbst - ich glaube, man nennt das „um den Finger wickeln" – angeblich eine typisch weibliche Eigenschaft....
Es ist schwierig, in jeder Situation den jeweils richtigen Weg zu finden. Doch Kompromissbereitschaft muss ihre Grenzen haben, nämlich dort, wo jemand seiner ureigensten Überzeugung untreu wird. Ich werde also nie wieder orangefarbene Kniestrümpfe anziehen, wenn ich das nicht selber will. Denn ich habe das Recht dazu, NEIN zu sagen. Und ich werde jederzeit wieder eine rosa Weste tragen, wenn ich es will. Und vielleicht lassen sich ja wie beim dunklen Rock Wege und Entscheidungen finden, die für alle akzeptabel sind.

Ein Gebet

Gott, ich bitte dich um die Stärke,
immer selbstsicher aufzutreten,
um gesetzte Ziele erreichen zu können.

Ich bitte dich um die Kraft,
immer weniger gute Miene zum bösen Spiel zu machen,
nicht JA zu sagen, wenn ich NEIN meine.

Ich bitte dich, lass mich meine innere Mitte finden,
um meine innere Wahrheit ausdrücken zu können,
denn nur die sind wirklich glücklich,
die sich selbst treu bleiben.

Amen.

von Conny Schulz

Das Hohelied -
Liebe, Lust und Leidenschaft

SIE:

„Mein Liebster ist blühend und voller Kraft, nur einer von Tausenden ist wie er ! Sein schönes Gesicht ist so braun gebrannt, sein Haar dicht und lockig und rabenschwarz. Die Augen sind lebhaften Tauben gleich. Ganz weiß sind die Zähne, als hätten sie gebadet in Bächen von reiner Milch. Die Wangen sind Beete voll Balsamkraut, die herrlichsten Würzkräuter sprießen dort. Wie Lilien leuchtet sein Lippenpaar, das feucht ist von fließendem Myrrhenöl. Die Arme sind Barren aus rotem Gold, mit Steinen aus Tarschisch rundum besetzt. Sein Leib ist ein Kunstwerk aus Elfenbein, geschmückt mit Saphiren von reinster Art. Die Beine sind marmornen Säulen gleich, die sicher auf goldenen Sockeln stehn. Dem Libanon gleicht er an Stattlichkeit, den ragenden Zedern an Pracht und Kraft. "

Hohelied 5, 10-15

ER:

„Deine Füße sind zierlich in den Schuhen, du Fürstin ! Und das Rund deiner Hüften ist das Werk eines Künstlers ! Einer Schale, der niemals edler Wein fehlen möge, gleicht dein Schoß, süßes Mädchen! Wie ein Hügel von Weizen ist dein Leib, rund und golden und von Lilien umstanden. Deine Brüste sind herzig wie zwei junge Gazellen. Einem Elfenbeinturm gleich ist dein Hals, schlank und schimmernd. Deine Augen – zwei Teiche nah beim Tore von Heschbon. Deine Nase ist zierlich wie der Vorsprung des Wachtturms an dem Weg nach Damaskus. Wie das Karmelgebirge ist dein Kopf, hoch und prächtig. Voller Glanz ist dein Haupthaar; in dem Netz deiner Locken liegt ein König gefangen. "

Hohelied 7, 2-6

Die Liebe ist ein wundervolles Gefühl: man erlebt Höhenflüge, fühlt Schmetterlinge im Bauch, empfindet unbeschreibliches Glück. Dieses Gefühl drückt sich aus in den Texten des Hoheliedes. Die gegenseitigen Beschreibungen voneinander lassen etwas davon erahnen, was die beiden Liebenden füreinander empfinden, welche Wonne sie dabei verspüren, den anderen zu betrachten. Ein ganzer Kräutergarten, ein blühendes Blumenbeet, Edelsteine und prachtvolle Bauwerke werden als Vergleiche herangezogen. Die zwei Liebenden beschreiben sich vom Haar bis zu den Füßen: „Sein Haar dicht und lockig und rabenschwarz...wie Lilien leuchtet sein Lippenpaar...sein Leib ein Kunstwerk aus Elfenbein...die Beine marmornen Sockeln gleich." Wie stattlich erscheint er in ihren begierlichen Worten, wie fasziniert ist sie von seiner Erscheinung. Doch auch er beschreibt sie nicht weniger hingebungsvoll: „Die Füße zierlich...das Rund der Hüften das Werk eines Künstlers...der Leib wie ein Hügel von Weizen, rund und golden...die Brüste herzig wie zwei junge Gazellen...der Hals gleicht einem Elfenbeinturm." Fast paradiesisch klingen diese Worte für mich. Ohne Scheu, ohne falsche Scham nähern sich hier zwei Liebende einander. „Ich bin von deiner Liebe berauschter als von Wein" Hl. 4, 10 oder „dich zu lieben macht mich glücklich," Hl. 7, 7 heißt es in anderen Versen. Gemeint ist hier – und das erstaunt erst einmal für einen Text, der in der Bibel steht – die liebevolle ganzheitliche, d.h. geistige und vor allem <u>körperliche</u> Liebe zweier Menschen. Es ist ein natürlicher Umgang miteinander. Und noch mehr: Wie auch in der Schöpfungsgeschichte Eva und Adam – geschaffen als sich jeweils ergänzendes Gegenstück -, erscheinen mir unsere Zwei hier ebenbürtig und gleichgestellt. Sie schwärmt für ihn genauso hingebungsvoll wie er für sie. Auch oder gerade in solch einem intimen Lebensbereich herrscht keiner über den anderen. Mal geht man liebevoll und behutsam, mal stürmisch oder spielerisch miteinander um – aber niemals verletzend, beherrschend oder einengend. Liebe, Sexualität ist etwas uns von Gott Gegebenes. Fast paradiesisch, könnte man sagen. Wie der Himmel auf Erden. Dieses Paradies wird durchaus realistisch dargestellt. Auch hier gibt es Trauer und unerfüllte Liebe. In einem Vers heißt es: „Ich suche meinen Freund, kann ihn nicht finden. Ich rufe ihn, doch er gibt keine Antwort....Ihr Mädchen alle, ich beschwöre euch: Wenn euch mein Freund begegnet, sagt ihm doch, die Liebessehnsucht macht mich matt und krank !" Hl. 5, 6+8 Beziehungen zwischen Liebenden sind nie ganz einfach, nie immer gleich – weder gleich gut noch gleich schlecht. Sie spiegeln das Leben wieder mit seinen Aufs und Abs, mehr noch: sie sind ein wichtiger – der wichtigste – Teil unseres Lebens. Und gerade deshalb können wir nicht voneinander, von der Liebe lassen. „Kein Wasser kann die Glut der Liebe löschen und keine Sturmflut schwemmt sie je hinweg" Hl. 8, 7, so erzählt es uns ein weiterer Vers aus dem Buch der Liebe.

Träumt nicht jeder Mensch von einem Glück, wie es in den Liebesversen beschrieben wird ? Wer möchte nicht solche Hingabe, solch Verlangen erleben ? Wer wünscht sich nicht eine Partnerschaft, in der es keine Hierarchie gibt; in der man in allen Bereichen, auch der Sexualität, ungezwungen miteinander umgeht ? Ich wünsche jedem Menschen dieses Glück. Denn dann erleben wir, dass ein kleines Stück vom Himmel auf die Erde kommt - wir können uns das Paradies ein wenig zurückgewinnen.

Ein Lied

Ich weiß, was ich will
ich will dich fühlen, wenn der Morgen erwacht
mit dir den Tag verbringen bis in die Nacht
und glauben, nirgends ist ein Ende in Sicht
nein, für uns nicht

Ich weiß, was ich will
ich will die Leidenschaft, mit der du mich liebst
die sanfte Zärtlichkeit, wie du sie mir gibst
die Illusion, du lebst allein nur für mich
ich brauche dich

Ich weiß, was ich will
ich will dich nie mehr aus den Augen verlieren
will deine Hände sanft und weich auf mir spüren
glauben daran, dass es auch so weitergehen kann

Ich weiß, was ich will
an einem leeren Strand allein mit dir sein
und alles tun, was man so tun kann zu zwei'n
und kein Gedanke von uns bleibt ungesagt
nichts wird vertagt

Text: Fred Jay
Musik: Udo Jürgens

Die kanaanäische Frau -
Hartnäckigkeit führt zum Ziel

"Jesus verließ die Gegend und zog sich in das Gebiet von Tyrus und Sidon zurück. Eine kanaanäische Frau, die dort wohnte, kam zu ihm und rief: Herr, du Sohn Davids, hab Erbarmen mit mir ! Meine Tochter wird von einem bösen Geist sehr geplagt. Aber Jesus gab ihr keine Antwort. Schließlich drängten ihn die Jünger: Sieh zu, dass du sie los wirst; sie schreit ja hinter uns her ! Aber Jesus sagte: Ich bin nur zum Volk Israel, dieser Herde von verlorenen Schafen, gesandt worden. Da warf die Frau sich vor Jesus nieder und sagte: Hilf mir doch, Herr. Er antwortete: Es ist nicht recht, den Kindern das Brot wegzunehmen und es den Hunden vorzuwerfen. Gewiss, Herr, sagte sie; aber die Hunde bekommen doch wenigstens die Brocken, die vom Tisch ihrer Herren herunterfallen. Da sagte Jesus zu ihr: Du hast ein großes Vertrauen, Frau ! Was du willst, soll geschehen. Im selben Augenblick wurde ihre Tochter gesund."
Matthäus 15, 21-28

Eine Mauer der Ablehnung baut sich vor ihr auf. Dabei wollte die Frau aus Kanaan doch wie alle anderen Jesus um Hilfe bitten. Ihre Tochter war krank, und nun hoffte sie, dass dieser jüdische Wunderheiler ihr helfen kann. Doch Jesus reagiert anders als erwartet. Nur zu den verlorenen Schafen Israels sei er gekommen, spricht er zu ihr. Nicht zu einer Frau aus Kanaan, diesem fremden Volk, das eigentlich so gar nichts mit ihm zu tun hat. Deshalb soll auch nur sein eigenes Volk die Früchte seines Wirkens ernten, nur sie sollen das Brot des Vaters im Himmel essen. Wie Hunde am Tische Gottes sind die anderen Völker, sagt Jesus. Beleidigend, erniedrigend. So spricht der Jesus, der die Nächstenliebe predigt und das Gleichnis vom barmherzigen Samariter erzählt ? Nichts von der Nahrung Gottes soll für sie abfallen ? Das kann nicht sein. So einfach lässt sie sich nicht abdrängen. Ein Hund – meinetwegen, vielleicht bin ich das, denkt sie. Aber, so antwortet sie Jesus, bekommen nicht selbst diese von der göttlichen Speise, seien es auch nur die Brocken, die vom Tisch herunterfallen ? Ich stelle mir diese Szene bildlich vor. Wie sie dasteht, diese Frau aus Kanaan. Hilfesuchend, ängstlich wegen ihrer kranken Tochter. Aber auch zornig über die Beleidigung, die Erniedrigung, die sie durch Jesus erfährt. Und hartnäckig, fest entschlossen, sich nicht abwimmeln zu lassen, wie es die Jünger Jesus geraten hatten. Es ist ihr auch nicht peinlich, wie sie da hinter Jesus herruft, ihn herausfordert. Sie will doch nichts Unrechtes von ihm, nur die Hilfe, die er so vielen anderen Menschen auch zuteil werden lässt. Denn dass er ihrer Tochter helfen könnte, wenn er nur wollte, davon ist sie überzeugt.

Und er ? Wie reagiert Jesus auf diese impulsive, durchaus redegewandte Frau ? Er hält inne. Diese Worte der vor ihm stehenden, vor Angst und Zorn bebenden Frau lassen ihn seine eigenen Worte überdenken. Ist es wirklich richtig, Menschen auszugrenzen, nur weil sie einem anderen Volk angehören ? Auch diese Frau braucht seine Hilfe, genau wie die eigenen Landsleute. Und ebenso wie diese vertraut sie seinen Fähigkeiten zu heilen. Sie ist fest davon überzeugt, dass er das kann, glaubt an ihn, vertraut ihm. Warum also sollte er sie abweisen ? Du hast ein großes Vertrauen, Frau, spricht er zu ihr, was du willst, soll geschehen. Und er heilte die Tochter dieser ihm fremden und doch so nahen Frau.

Ich bewundere diese Frau aus Kanaan. Wie hartnäckig sie ihr Ziel verfolgt. Schon der Schritt, zu Jesu zu gehen, erfordert Mut. Viele Frauen heute fassen vielleicht Entschlüsse, jedoch fehlt ihnen oft das letzte Quäntchen Mut, um diese dann auch in die Tat umzusetzen. Hier können wir viel von der kanaanäischen Frau lernen. Doch wie so häufig auch wir Frauen heute stößt sie erst einmal auf Hindernisse. Anfangs wird sie gar nicht beachtet, dann wollen die genervten Jünger sie loswerden. Doch sie verschafft sich Gehör, setzt sich gegenüber den Jüngern durch. So kann sie doch noch Jesus um seine Hilfe bitten. Wieder etwas, was wir von ihr lernen können. Manchmal ist es wichtig, sich nicht einfach abweisen zu lassen, bevor man sein Anliegen überhaupt vorgetragen hat. Und dafür ist es nötig, auch einmal laut zu werden, die Stimme zu erheben, sich verbal durchzuboxen. Ich muss über die aufgebaute Mauer meines Gegenüber blicken können, um wirklichen Kontakt aufnehmen zu können. Doch selbst an dieser Stelle hat die Frau aus Kanaan zunächst keinen Erfolg, denn Jesus lehnt ihre Anfrage brüsk ab. Er sei nicht für sie und ihresgleichen da, lässt er sie wissen. Und jetzt geschieht etwas sehr Erstaunliches: diese scheinbar vorlaute, sich aufdrängende Frau erinnert Jesus daran, dass er letztlich zu allen Menschen gesandt wurde. Selbst der niedrigste Mensch darf auf Gottes Zuwendung und Hilfe hoffen. Und Jesus erinnert sich, legt seine Ablehnung ab und heilt die Tochter der Frau aus Kanaan. Gemeinsam haben sie und Jesus die zwischen ihnen stehende Mauer eingerissen, die trennende Grenze überschritten.

Ich wünsche allen Frauen die Hartnäckigkeit dieser Frau aus Kanaan: mutig sein und den ersten Schritt wagen – lautstark eintreten für das, was frau will – argumentieren, diskutieren, kämpfen für das eigene Anliegen - bestehende Mauern nicht einfach akzeptieren, sondern kritisch hinterfragen.....und sie einreißen.....

„Seid fröhlich als Menschen der Hoffnung, bleibt standhaft in aller Bedrängnis, lasst nicht nach im Gebet."
Römer 12, 12

Die blutflüssige Frau -
Vertrauen kann heilen

"Eine große Menschenmenge folgte Jesus und umdrängte ihn. Es war auch eine Frau dabei, die seit zwölf Jahren an Blutungen litt. Sie war schon bei den verschiedensten Ärzten gewesen und hatte viele Behandlungen über sich ergehen lassen. Ihr ganzes Vermögen hatte sie dabei ausgegeben, aber es hatte nichts genützt; im Gegenteil, ihr Leiden war nur schlimmer geworden. Diese Frau hatte von Jesus gehört; sie drängte sich in der Menge von hinten an ihn heran und berührte sein Gewand. Denn sie sagte sich: Wenn ich nur sein Gewand anfasse, werde ich gesund. Im selben Augenblick hörte die Blutung auf, und sie spürte, dass sie ihre Plage los war. Jesus bemerkte, dass heilende Kraft von ihm ausgegangen war, und sofort drehte er sich in der Menge um und fragte: Wer hat mein Gewand berührt ? Die Jünger sagten: Du siehst, wie die Leute sich um dich drängen, und da fragst du noch: Wer hat mein Gewand berührt ? Aber Jesus blickte umher, um zu sehen, wer es gewesen war. Die Frau zitterte vor Angst; sie wusste ja, was mit ihr vorgegangen war. Darum trat sie vor, warf sich vor Jesus nieder und erzählte ihm alles. Jesus sagte zu ihr: Meine Tochter, dein Vertrauen hat dir geholfen. Geh in Frieden und sei frei von deinem Leiden !"
Markus 5, 24-34

Zwölf lange Jahre litt die Frau nun schon an ihrer Krankheit. Zwölf Jahre, in denen sie von Arzt zu Arzt gelaufen war und doch keine Hilfe gefunden hatte. Zwölf Jahre voller Leiden, das immer stärker wurde. Doch das allerschlimmste waren zwölf Jahre Ablehnung und Ausgrenzung. Denn sie war unrein: gemäß den Vorschriften aus dem 3. Buch Mose[12] war sie eine Frau, die man nicht berühren und von der man nicht berührt werden durfte. Selbst die Gegenstände, die sie umgaben, wurden durch eine bloße Berührung von ihr unrein. Solch ein Leben wollte die Frau nicht länger hinnehmen. Sie hatte viel von dem Mann aus Nazareth gehört, auch, dass er Menschen heilen konnte. So ging sie zu ihm. Doch sie wollte ihn nicht direkt fragen, wollte nicht riskieren, abgelehnt, weggeschickt zu werden. Also berührte sie nur sein Gewand. Das, so dachte sie, reicht aus, um geheilt zu werden. Schon dieses Gewand, so hoffte sie, hat genug Kraft, um die heilende Wirkung, die von Jesus ausging, weiterzugeben. Und so war es auch. Sofort spürte sie ihre Krankheit verschwinden. Danach wollte sie sich gleich wieder aus dem Staub machen, denn Jesus sollte nicht merken, dass ihn eine unreine Frau berührt hatte. So groß war die Angst und Scham der letzten zwölf Jahre, dass sie es nicht einmal wagte, die Freude über ihre Heilung lauthals heraus zu schreien. Doch Jesus hatte sie bemerkt. Es war, als hätte jemand etwas von seiner Energie abgezogen. Er drehte sich um und suchte die Quelle für seine Empfindung. Es wäre ein Leichtes für die Frau gewesen, in der großen Menschenmenge abzutauchen, sich zu verstecken. Und doch sagte ihr Gewissen: Bleib hier, sage, dass du es warst, die ihn berührt hat. War es die Angst davor, dass Jesus sie sowieso erkannt hätte ? Dass er einfach gewusst hätte, wer es gewesen ist ? Oder war es das aufkeimende Selbstbewusstsein der Frau, die sich eigentlich keiner Schuld bewusst war ? Denn was für ein Gesetz ist das, welches Frauen für einen biologischen Vorgang, den die Natur ihr vorgibt und für den selbst jede andere Frau jeden Monat Schmerzen erleidet, geschweige denn volle zwölf Jahre, zu nicht gesellschaftsfähigen, „unreinen" Menschen abstempelt ? Langsam begriff die Frau, welches Wunder ihr widerfahren war und wem sie es verdankte. Sie trat auf Jesus zu und warf sich vor ihm nieder. Sie erzählte ihm von ihrer Krankheit, von ihrem Leiden und der jahrelangen Ausgrenzung. Und von der Hoffnung auf Heilung und Annahme durch ihn, Jesus. Kein Wort des Vorwurfes hörte sie von ihm, als sie fertig war. Keine Anschuldigung, wie sie es wagen konnte, ihn zu berühren. Er scherte sich nicht um Vorschriften, die so menschenverachtend waren, dass sie einen Menschen gesellschaftlich so ächten konnten. Ganz ruhig lauschte er ihren Worten, hörte von ihrem Leid, aber auch von ihrem Vertrauen in ihn. Und er enttäuschte sie nicht. „Dein Vertrauen hat dir geholfen. Geh in Frieden und sei frei von deinem Leiden." Frei von Leiden: das heißt frei von Krankheit, aber auch und vor allem frei von Ausgrenzung. Und wir ? Wir wissen durch diese Frau, dass Vertrauen heilen kann. Und dass jeder Mensch es wert ist, dass ihm geholfen wird. Jesus grenzt keinen Menschen aus...

Ein Gebet

Gott,
immer wieder wendest du dich mir zu, auch oder gerade wenn ich verzweifelt bin.
Ich bitte dich: Tröste mich und schenke mir Kraft, auch schwere Zeiten durchzustehen.
Lass mich darauf vertrauen dass du mir immer wieder neue Wege zeigst,
Wege aus dem Abseits – Wege ins Leben.

Gott,
wie einsam kann man sein unter so vielen Menschen.
Ausgrenzung reißt eine tiefe Kluft zwischen mir und meinem Nächsten – Ablehnung schmerzt, egal ob ich ausgegrenzt werde oder selbst ausgrenze.
Wandle meine Angst und Ohnmacht in Liebe und Vertrauen, damit Brücken entstehen können, die stark genug sind, uns zueinander zu tragen.

Amen.

Maria -
die jungfräuliche Prophetin

"Da sagte Maria: Ich gehöre dem Herrn, ich bin bereit. Es soll an mir geschehen, was du gesagt hast. Darauf verließ sie der Engel. Bald danach machte sich Maria auf den Weg und eilte zu einer Stadt im Bergland von Judäa. Dort ging sie in das Haus von Zacharias und begrüßte Elisabet."
Lukas 1, 38-40

Jedes Kirchenjahr beginnt mit einem großen Ereignis, dem Weihnachtsfest. Dann wird an vielen Orten die Krippe mit dem Jesus-Kind, aber auch Josef und vor allem Maria bewundert. Es ist immer wieder zu bewundern, wie wunderschön sie aussieht: jung, schön, hingebungsvoll Mutter, ihr Leben ganz auf den Heiland ausgerichtet. Doch ich muss zugeben - manchmal ist mir das Bild dieser Maria zu süß. Betitelungen wie „die holde Jungfrau Maria" betonen immer wieder die ewige Jugend dieser Frau. Wer einmal nach Rom fährt, kann dort im Vatikan die Pietá bestaunen, eine Skulptur, die die immer noch junge Maria mit dem gekreuzigten erwachsenen Jesus im Arm zeigt. Aufopferungsvoll wirkt sie auf mich, fast schüchtern, ja scheu. Doch ist das wirklich die wahre Maria ? Gibt es nicht noch andere Züge an ihr als nur die Begrenzung ihrer Person auf die gebärende Jungfrau und die anschließende Mutterrolle ?
Im Lukas-Evangelium wird ein Ereignis beschrieben, das Maria von einer ganz anderen Seite zeigt. Die bereits schwangere Maria besucht ihre Cousine Elisabeth, die ebenfalls schwanger ist. Diese wird die Mutter von Johannes dem Täufer werden. Als erster Mensch erkennt Elisabeth die herausragende Rolle, die Maria im weiteren Heilsgeschehen einnehmen wird. Sie segnet Maria und das noch ungeborene Kind. Auf diesen Segen antwortet Maria auf

eine Art, die eigentlich so gar nicht zu der holden Jungfrau Maria, der zarten, zerbrechlichen Jesus-Mutter, passt. Wenn Maria selbst von sich sagt: *„Jetzt werden die Menschen mich glücklich preisen in allen kommenden Generationen, denn Gott hat Großes an mir getan"* *(Lukas 1,48+49)* zeigt mir das ein Selbstbewusstsein, das ich so vorher noch nicht registriert hatte. Aber die weiteren Verse zeigen noch mehr. Maria hat eine Vision, die schon fast revolutionär ist:

„Jetzt hebt er seinen gewaltigen Arm und fegt die Stolzen weg samt ihren Plänen. Jetzt stürzt er die Mächtigen vom Thron und richtet die Unterdrückten auf. Den Hungernden gibt er reichlich zu essen und schickt die Reichen mit leeren Händen fort."
Lukas 1, 51-53

Diese Vision macht deutlich: Maria wird nicht nur durch die Geburt ihres Sohnes Jesus in den Heilsplan Gottes miteinbezogen, sondern sie selbst bekommt Einsicht in die Pläne, die Gott mit uns Menschen hat. So wie schon andere Frauen vor ihr, z.B. Hanna und Abigail, darf sie einen Blick auf das kommende Heilsgeschehen werfen. Einer Prophetin gleich beschreibt sie die Wege, die Gott für uns Menschen bereit hält. Gottes Gerechtigkeit blitzt auf durch die Worte dieser Frau, die selbst nicht lange vorher das große Gotteswunder der jungfräulichen Empfängnis erlebt hat.

Ich will gar nicht das Bild von Maria zerstören, das auch ich nur allzu gern gerade Weihnachten bewundere. Aber ich will es um einen Aspekt erweitern. Ich will Maria nicht nur als Mutter des Heilands sehen, als holde Jungfrau, die scheinbar gar keine eigenständige Persönlichkeit hat. Ich will sie sehen als eine selbstbewusste Frau, die von Gott die Gnade erhält, einen Blick in sein kommendes Reich werfen zu können.

Eine Sprachmotette

„Gott hebt seinen gewaltigen Arm und fegt die Stolzen weg samt ihren Plänen. Er stürzt die Mächtigen vom Thron und richtet die Unterdrückten auf.“[13]

Schon 2000 Jahre her, dass Maria das sagte.
Wann endlich stürzt er die Mächtigen vom Thron ?
Immer noch warten wir auf Gottes Reich, warten ungeduldig, warten verzweifelt.
Manche warten nicht mehr, versuchen es sich zu holen.
1000 Jahre sind bei Gott wie ein Tag. Geduld.

„Er hat seinen gewaltigen Arm erhoben und die Stolzen samt ihren Plänen weggefegt. Er hat die Mächtigen vom Thron gestürzt und die Unterdrückten aufgerichtet.“[14]

Gott war treu dem Volke Israel von seinem Anbeginn.
Das glaubten auch Maria und viele andere Menschen damals.
Was immer er gesagt hatte, es war geschehen.

„Jetzt hebt er seinen gewaltigen Arm und fegt die Stolzen weg samt ihren Plänen. Jetzt stürzt er die Mächtigen vom Thron und richtet die Unterdrückten auf.“[15]

Was Gott immer tut, immer getan hat, jetzt wird es deutlich.
So ist Gottes Reich.
Damals.
Jetzt.
Immer.

von Susanne Lehmann-Fahrenkrug

Die Frau aus Samarien -
Gott ist überall

"Die Frau sagte zu Jesus:Ich weiß, dass der Messias kommen wird, der versprochene Retter. Wenn er kommt, wird er uns alles sagen. Jesus antwortete: Er spricht mit dir; ich bin es. In diesem Augenblick kehrten seine Jünger zurück. Sie wunderten sich, ihn im Gespräch mit einer Frau anzutreffen. Aber keiner fragte ihn: Was willst du von ihr? oder:Worüber redest du mit ihr? Die Frau ließ ihren Wasserkrug stehen, ging ins Dorf und sagte zu den Leuten: Da ist einer, der mir alles gesagt hat, was ich getan habe. Kommt mit und seht ihn euch an! Ist er vielleicht der versprochene Retter? Da gingen sie alle hinaus zu Jesus."
Johannes 4, 25-30

„Was willst du von ihr?" würden die Jünger Jesus am liebsten fragen, als sie ihn mit der samaritischen Frau sprechen sehen. Wie oft geht es uns ebenso – was fremd ist, wird erst einmal abgelehnt. Da waren die jüdischen Menschen zur Zeit Jesu nicht anders. Diese Samariter waren nun wirklich niemand, mit denen man sich abgeben sollte. Nicht nur, dass sie keine „echten" Juden mehr waren, sondern ein Volk, das entstanden war aus jüdischen Bewohnern und Angehörigen fremder Völker, z.B. den Assyrern, die vor Jahrhunderten das Gebiet Samariens erobert hatten. Sie hielten auch den Berg Garizim, der in Samarien lag, für den heiligsten Ort der Welt, und nicht Jerusalem. Und für alle Samariter galten nur die fünf Bücher Mose als Heilige Schriften, nicht die Geschichtsbücher, nicht die Prophetenschriften. Und zu diesen Menschen, fremd und verachtet, geht Jesus mit seinen Jüngern. Während er allein an einem Brunnen sitzt, spricht er eine

samaritische Frau an. Natürlich wundert sie sich, dass Jesus gerade mit ihr spricht - eine Samariterin und noch dazu eine Frau. Doch es entwickelt sich ein faszinierendes Gespräch. Mit der Bitte um Wasser beginnt Jesus, mit der Frau zu reden. Durch seine Antworten auf ihre Fragen entlockt er ihr immer weitergehende Vermutungen: Erst ist er in ihren Augen mehr als Jakob[16], dann ein Prophet. Im Verlauf des weiteren Dialogs offenbart sich Jesus schließlich als der Messias, der zu allen Menschen gesandt wurde, um ihnen *„lebendiges Wasser"* zu bringen, *"das in jedem Menschen zu einer Quelle wird, die bis ins ewige Leben weitersprudelt"*. Es wird eines Tages nicht mehr wichtig sein, an welchem Ort man Gott anbetet, denn Gott ist überall. Er selbst, so spricht Jesus zu der Frau aus Samarien, ist der versprochene Retter, der zu den Menschen gekommen ist, um ihnen von Gott und seinen Plänen zu berichten. Er ist es, der die Welt erlösen wird.

War es klug, solch große Worte zu einer Frau zu sprechen, einer Frau noch dazu aus Samarien ? Würden die Menschen dort den Worten einer Frau Glauben schenken, wenn sie von Jesus berichtet ? Warum erzählt Jesus seine Botschaft einer „falschgläubigen" Samariterin, wo er doch nur gekommen ist, um die verlorenen Schafe Israels zu retten? All diese Fragen müssen sich die Jünger gestellt haben, als sie Jesus im Gespräch mit der samaritischen Frau antreffen. Sie verstehen nicht, dass Gottes Wege grenzenlos sind. Seine Zuwendung gilt allen Menschen, auch denen aus Samarien. Und sie vertrauen nicht darauf, dass Gott in einer scheinbar machtlosen Frau einen Funken entzündet, der ein Feuer entfacht. Denn viele Samariter lassen sich anstecken von den Worten einer Frau, die, völlig aufgelöst, zu den anderen Dorfbewohnern rennt, um sie mit der Frage: *Ist er vielleicht der versprochene Retter ?* wiederum in Aufregung zu versetzen, so dass sie alle zu Jesus gehen, um ihn zu hören. Und sie lassen sich wie die samaritische Frau von den Worten Jesu überzeugen, dass er wirklich der Retter der Welt ist.

Ein unscheinbares Gespräch am Brunnen: hier spricht nicht der Mann zur Frau, nicht der Jude zur Samariterin – hier spricht ein Mensch zu einem Menschen. Jesus nimmt diese Frau ernst, und er traut ihr zu, genau wie seine Jünger...Männer...Juden...die Worte zu verstehen, die er über den kommenden Messias – über sich – spricht. Und sein Vertrauen wird belohnt. *„Viele Samariter in jenem Ort kamen zum Glauben an Jesus, weil die Frau bezeugt hatte: Er hat mir alles gesagt, was ich getan habe."* Ihre Frage, ob er vielleicht der versprochene Retter ist, bewegt die Menschen in jenem Ort, Jesus aufzusuchen und seinen Worten zuzuhören. *„Da kamen noch viel mehr von ihnen zum Glauben aufgrund seiner Worte"*. Wie ein Lauffeuer geht die Botschaft vom erschienenen Messias um, entzündet durch eine unscheinbare Begegnung am Brunnen mit einer Frau aus Samarien...

Die Frau aus Samarien
eine Frau
noch dazu aus Samarien...
was will ER von ihr ?
Wasser –
gibst Du mir Wasser ?
Eine Frage.
Und weitere Worte.
Sie formen sich zu Sätzen,
werden ausgesprochen...
ER spricht mit ihr
mit ihr
einer Frau
wer ist ER ?
Von lebendigem Wasser spricht ER
nie mehr Durst haben
ist ER vielleicht...
Gott wird überall sein
Worte wie Balsam
für eine weibliche Seele aus Samarien
ER ist es
der versprochene Retter
lauf schnell
sag es den anderen
ER ist es

Martha -
ein großes Bekenntnis

„Als Jesus nach Betanien kam, lag Lazarus schon vier Tage im Grab...Als Martha hörte, dass Jesus kam, ging sie ihm entgegen vor das Dorf, aber Maria blieb im Haus. Martha sagte zu Jesus: Herr, wenn du hier gewesen wärst, hätte mein Bruder nicht sterben müssen. Aber ich weiß, dass Gott dir auch jetzt keine Bitte abschlägt. Dein Bruder wird auferstehen, sagte Jesus zu Martha. Ich weiß, erwiderte sie, er wird auferstehen, wenn alle Toten lebendig werden, am letzten Tag. Jesus sagte zu ihr: Ich bin die Auferstehung und das Leben. Wer mich annimmt, wird leben, auch wenn er stirbt, und wer lebt und sich auf mich verlässt, wird niemals sterben, in Ewigkeit nicht. Glaubst du mir das ? Sie antwortete: Ja, Herr, ich glaube, dass du der versprochene Retter bist, der Sohn Gottes, der in die Welt kommen soll."
Johannes 11, 17+20-27

„Das Weib liegt unten, es wird seit langem dazu abgerichtet. Ist immer greifbar, immer gebrauchsfähig, ist die Schwächere und ans Haus gefesselt. Dienen und der Zwang zu gefallen sind im weiblichen Leben verwandt, denn das Gefallen macht gleichfalls dienstbar. Das Mädchen musste durch Ehe versorgt werden, so saß es auf der Stange, hatte auf den Mann zu warten. Oder fing mit List und sich selber als Köder Männer ein, blieb auch dann unmündig, ohne Jagdschein. Gelang der Fang nicht, oder war die Jungfrau zu wählerisch, dann kam zum Schaden ein dürrer Spott: das Weib rangierte als alte Jungfer. Beruf galt bis in untere kleinbürgerliche Schichten hinab als anstößig. Aber beherzte Mädchen und Frauen zogen einen anderen Schluss, Träume begannen vom neuen Weib."[17]

Diesen Text schrieb Ernst Bloch vor einigen Jahrzehnten. Aha, werden jetzt viele denken, deshalb. Heute ist doch wirklich alles anders. Die Träume wurden wahr. Die Frau hat sich emanzipiert, macht Karriere und vor allem nur noch das, was sie will - sie steht halt ihren „Mann". Aber seien wir doch mal ehrlich: Sind wir denn wirklich schon am Ziel unserer Träume? Besagt nicht gerade diese Formulierung „sie steht ihren Mann", dass alle Anstrengungen der Frau immer noch an ihren männlichen Kollegen gemessen werden? Immer noch sind in jedem Bereich - ob Wirtschaft, Politik, Kultur oder auch Kirche - sämtliche leitende Positionen fast ausschließlich durch Männer besetzt. Voller Schrecken denke ich an die Wahl der Hamburger Bischöfin Maria Jepsen zurück, als im Vorfeld der Wahl einige „Herren der Schöpfung" kräftig in der Bibel blätterten, bestimmte Aussagen des Paulus aus dem Zusammenhang seiner Briefe herauslösten und diese dazu benutzten, um wieder einmal zu belegen, dass die Frau tatsächlich nur Adams Rippe ist und als diese habe sie sich stets dezent im Hintergrund zu halten. Doch sind nicht auch wir Frauen voller Vorurteile? Ich weiß noch, wie ich erstaunt aufsah, als ich zum ersten Mal eine Frau das „Kyrie eleison" in einem Gottesdienst singen hörte - war ich doch wie alle anderen nur mit einer tiefen, sonoren Männerstimme vertraut. Ich beobachtete mich dabei, wie ich mich schon fast daran gewöhnt hatte, fast nur männliche Seelsorger in einer Gemeinde vorzufinden - obwohl es viele Themen gibt, über die frau auch nur mit einer Frau sprechen möchte.

Die Bibel, wird gerade von den Männern oft gesagt, zeichnet ein bestimmtes, zurückhaltendes Bild von der Frau, und es wird dann erwartet, dass wir uns dementsprechend verhalten. Aber ist denn das Bild der Frau in der Bibel, das uns immer wieder gern vermittelt wird, wirklich richtig? Werden hier nicht vielmehr egoistische Motive verfolgt, um eigene Positionen zu sichern? Wie verhalten sich denn die Frauen in der Bibel wirklich? Bei

Johannes lesen wir: „Als Martha hörte, dass Jesus kam, ging sie ihm entgegen vor das Dorf ... und sagte zu Jesus: Herr, wenn du hier gewesen wärst, hätte mein Bruder nicht sterben müssen". In dieser Geschichte, in dieser ganz konkreten Situation, in der Martha Jesus begegnet, hält sie sich alles andere als im Hintergrund. Im Gegenteil, sie läuft ihm entgegen und macht ihm sogar Vorwürfe: „Wenn du hier gewesen wärst, hätte mein Bruder nicht sterben müssen." Und was macht Jesus ? Er hört ihr zu. Er hört ihr zu und nimmt sie ernst. Dieses Verhalten von Jesus zeigt uns: Sogar - oder gerade dieser Jesus, der Mann, zu dem wir alle uns bekennen, erkennt Martha als das, was sie ist: Eine gleichberechtigte Gesprächspartnerin. Und er spricht zu ihr über Dinge, die selbst wir sogenannten gebildeten Menschen von heute häufig nicht verstehen. „Ich bin die Auferstehung und das Leben. Wer mich annimmt, wird leben, auch wenn er stirbt, und wer lebt und sich auf mich verlässt, wird niemals sterben, in Ewigkeit nicht. GLAUBST DU MIR DAS?" Für mich sind in diesem Moment nicht die Worte über die Auferstehung oder das ewige Leben von Bedeutung. Ich höre sie förmlich, diese kurze, unscheinbare Frage: Glaubst du mir das? Und Martha glaubt und spricht ein Bekenntnis, wie es sonst nur noch von Petrus im Matthäus - Evangelium ausgesprochen wird: Ja, Herr, ich glaube, dass du der versprochene Retter bist, der Sohn Gottes, der in die Welt kommen soll. Dieses Bekenntnis macht deutlich: vor Gott gibt es keinen Rangunterschied zwischen Frau und Mann, und das tief aus dem Herzen kommende Erkennen Jesu als den lebendigen Sohn Gottes, ist beiden - Frau und Mann - gleichermaßen gegeben, und wie die Geschichte mit Martha zeigt, von Gott auch gewollt. Wenn man allerdings die heutige Realität betrachtet, kommen Zweifel auf, ob wirklich alle Menschen diese tiefgreifende Erkenntnis teilen. Ist es doch viel bequemer, und auch ungefährlicher, vorgefertigte Rollen wie von Ernst Bloch beschrieben zu übernehmen. *Mann* erkennt in seiner ihm zugedachten Rolle nur Vorteile, und *Frau* fügt sich noch allzu häufig dem ihr auferlegten Verhaltenszwang, lässt sich als die angeblich Schwächere mit abwertenden Charakterzügen wie dem Hang zum Dienen und zum Gefallen versehen und verhält sich entsprechend.

Doch wie heißt es bei Ernst Bloch: Beherzte Mädchen und Frauen zogen einen anderen Schluss, Träume begannen vom neuen Weib. Und ich beginne zu verstehen: wir alle müssen diese Träume Wirklichkeit werden lassen. Wir müssen dafür sorgen, dass es wahre Gleichberechtigung gibt und dass jeder Weg, den eine Frau - oder auch ein Mann - einschlägt, richtig ist, ob man sich nun für eine berufliche Karriere oder für eine Ehe und Familie entscheidet - oder für beides. Wir müssen uns dafür einsetzen, dass es in jedem Bereich ein ausgewogenes Verhältnis der Geschlechter gibt, auch wenn dies manchmal schwierig und unbequem ist. Nils Hasselmann schreibt in seinem Buch „Predigtstudien":

„Martha konnte sagen: Ja, Herr, ich glaube, dass du der Messias, der Sohn Gottes bist, der in die Welt gekommen ist. Ein großes Bekenntnis! Es ist merkwürdig, dass dieses Bekenntnis einer Frau nach einer bohrenden theologischen Debatte so wenig beachtet wurde in der Kirchengeschichte. Auf das Petrusbekenntnis beruft sich bis heute die Welt-Kirche mit einem sehr paternalistischen[18] Papsttum und Zehntausenden von ehelosen Priestern und Mönchen. Wo ist die entsprechende Martha - Kirche? Eine Kirche, in der das Martha-Bekenntnis gleichberechtigt neben das Petrusbekenntnis tritt."[19]

Eines ist klar: Es kann und darf nicht die Trennung in eine Martha- und eine Petruskirche geben. Nur gemeinsam sind Frauen und Männer auf dem Weg in eine gottgefällige Zukunft. Aber wir sollten solch biblischen Frauengestalten wie Martha die ihr zustehende Beachtung und Bedeutung für unsere Kirche schenken.

Ich glaube...

...an die Kraft des Gebets.
...an das Wunder der Liebe.
...an die Fähigkeit, jeden Tag etwas Neues lernen zu können.
...an die Vielfalt der Schöpfung.
...an das Leben und Wirken Jesu Christi.
...an die Gegenwart Gottes im Säuseln des Windes
  und im Brausen des Sturms.
...an die Vergebung von Schuld.
...an ein Leben nach dem Tod.
...an das Wirken des Heiligen Geistes.
...an die Hoffnung auf Frieden für alle Menschen.
...an Dich, Gott.

Maria Magdalena -
Zeugin der Auferstehung

„Maria! sagte Jesus zu ihr....geh zu meinen Brüdern und sag
ihnen von mir: Ich kehre zurück zu meinem Vater und eurem
Vater, zu meinem Gott und eurem Gott. Maria aus Magdala ging
zu den Jüngern und verkündete: Ich habe den Herrn gesehen!
Und sie richtete ihnen aus, was er ihr aufgetragen hatte.
Johannes 20, 16-18

Maria Magdalena – was für ein berühmter Name einer ebenso
bekannten Frau. Eng verbunden mit der Auferstehung Jesu, von
dort heute nicht mehr wegzudenken.
Wer war diese Frau, von der in allen vier Evangelien berichtet
wird ? Gelebt hat sie in Magdala[20], daher ihr Name. Manche
sagen, sie war die Prostituierte, die, so berichtet der Evangelist
Lukas, Jesus die Füße mit ihren Tränen gewaschen und danach
gesalbt hat. Ebenfalls bei Lukas lesen wir, dass Jesus sie von
sieben bösen Geistern befreite. Es ist anzunehmen, dass sie zum
engen Kreis der Menschen gehörte, die mit Jesus unterwegs
waren. So verwundert es auch nicht, dass sie der erste Mensch
war, der am Morgen des Sonntags am Grab erschien. Auch
diesmal wollte sie Jesus salben. Sie ahnte ja nicht, was in der
Nacht geschehen war. Der Evangelist Johannes berichtet, dass sie
allein am Grab erschien. Voller Schreck lief sie zu Petrus, als sie
sah, dass der riesige Stein vor dem Grabeingang weggerollt
worden war. Petrus und ein weiterer Jünger gingen mit ihr zum
Grab, stiegen hinein und fanden es leer vor. Verwirrt gingen sie
wieder nach Haus. Maria aber blieb am Grab. Doch was die
Männer nicht erleben, geschieht nun ihr: es erscheinen zwei Engel
und – Jesus, der auferstandene Heiland. Zuerst erkennt sie ihn gar
nicht, doch als er sie anspricht, weiß sie, wer da vor ihr steht.

Daraufhin sendet Jesus sie zu den Jüngern, damit sie ihnen die frohe Botschaft seiner Auferstehung verkündet.

Wer war diese Frau ? Warum erschien Jesus zuerst ihr und nicht den Männern, die vor ihr im Grab waren ? Oder den anderen Jüngern, wie es dann später geschehen wird ? Traute er ihr eher als den Männern zu, die ihr aufgetragene Aufgabe zu erfüllen und die Botschaft in die Welt zu tragen ? Der Evangelist Lukas berichtet, dass die Männer ihr zuerst nicht glaubten. Sie konnten sich wohl nicht vorstellen, dass von solch einem unvorstellbaren Ereignis, sollte es überhaupt möglich sein, zuerst eine Frau erfährt. Typisch, sage ich. Den Worten einer Frau wird wie auch heute noch so häufig kein Glauben geschenkt. Wie viele Beispiele gibt es, in denen eine Frau etwas sagt und nur belächelt wird, während ein Mann für dieselben Worte einige Minuten später großes Lob einsteckt. Da waren die Jünger von damals keine Ausnahme. Und so zeigte sich Jesus auch Petrus, den anderen Jüngern, brach auf dem Weg nach Emmaus[21] mit zwei seiner Jünger das Brot, zeigte dem ungläubigen Thomas seine Wundmale – um ihnen zu zeigen, dass diese Frau die Wahrheit gesagt hatte. Doch wenn es so viel einfacher gewesen wäre, sich zuerst den Jüngern zu zeigen, warum wählte Jesus doch Maria aus ? Es ist wohl ein Rätsel, das nie wirklich gelöst wird. Eines sagt uns das Osterereignis aber dennoch: Jesus traute den Frauen zu, sich gegen die hadernden Männer durchzusetzen. Und vielleicht haben sie sie ja zumindest neugierig gemacht, sie geöffnet dafür, die frohe Botschaft anzunehmen, auch wenn es noch eines weiteren „Beweises" bedurfte. Frauen sind, das sagt uns die Ostergeschichte auch, ebenso wie die Männer um Jesus herum in den Heilsplan Gottes eingebunden. Nicht nur Männer bekommen immer wieder wichtige Aufgaben übertragen, sondern auch Frauen. „Geh zu meinen Brüdern und sag ihnen von mir...." Und Maria tut, wie ihr geheißen. Sie läuft zu den Jüngern und verkündet: "Ich habe den Herrn gesehen !"

Maria Magdalena – eine faszinierende Frau. So faszinierend und beeindruckend, dass keiner der vier Evangelisten das Ereignis am Ostermorgen <u>ohne</u> Maria aus Magdala beschreibt. In allen vier Evangelien ist sie diejenige, allein oder gemeinsam mit anderen Frauen, die den Jüngern von diesem alles verändernden Ereignis erzählt. Durch sie und ihr Wirken wissen alle Menschen, dass Jesus Frauen ebenso vertraute wie ihren männlichen Mitmenschen und dass jeder Mensch, ob Frau oder Mann, eine wichtige Rolle in Gottes Plan einnehmen kann.

"Nachdem Jesus früh am Sonntag auferstanden war, zeigte er sich zuerst Maria aus Magdala, die er von sieben bösen Geistern befreit hatte. Sie ging und berichtete es denen, die früher mit Jesus zusammen gewesen waren und die jetzt trauerten und weinten. Als sie hörten, dass Jesus lebe und Maria ihn gesehen habe, glaubten sie es nicht. Danach zeigte sich Jesus in fremder Gestalt zwei von ihnen, die zu einem Ort auf dem Land unterwegs waren. Sie kehrten um und erzählten es den anderen, aber die glaubten ihnen auch nicht. Schließlich zeigte sich Jesus den Elf, während sie beim Essen waren. Er machte ihnen Vorwürfe, weil sie gezweifelt hatten und denen nicht glauben wollten, die ihn nach seiner Auferstehung gesehen hatten."
Markus 16, 9-14

Lydia -
Gott öffnete ihr Herz

„Von dort gingen wir landeinwärts nach Philippi, einer Stadt im ersten Bezirk Mazedoniens, einer Ansiedlung von römischen Bürgern. Wir hielten uns einige Tage dort auf und warteten auf den Sabbath. Am Sabbath gingen wir vor das Tor an den Fluss. Wir vermuteten dort eine jüdische Gebetsstätte und fanden sie auch. Wir setzten uns und sprachen zu den Frauen, die zusammengekommen waren. Auch eine Frau namens Lydia war darunter; sie stammte aus Thyatira und handelte mit Purpurstoffen. Sie hielt sich zur jüdischen Gemeinde. Der Herr öffnete ihr das Herz, sodass sie begierig aufnahm, was Paulus sagte. Sie ließ sich mit ihrer ganzen Hausgemeinschaft, ihren Angehörigen und Dienstleuten, taufen."
Apostelgeschichte 16, 12-15

Der Apostel Paulus befand sich auf einer Missionsreise. Er hatte von Gott den Auftrag erhalten, weiter zu gehen, die Botschaft Jesu auch in entferntere Gegenden zu tragen. So machte er sich auf und überschritt Grenzen. An dieser Stelle wird deutlich, wie doppeldeutig dieser Begriff ist: Grenzüberschreitung.

Als erstes überschritt Paulus äußere Grenzen, nämlich die von Asien nach Europa. Er kam nach Philippi, der ersten Stadt, die er auf seiner Reise erreichte, und wartete dort auf den Sabbath. Als jedoch der Sabbath kam, ging er nicht als erstes an den wahrscheinlichsten Ort, in die Synagoge. In der Bibel jedenfalls wird davon nichts erwähnt. Dort hätte er mit den Schriftgelehrten des Ortes diskutieren und die Botschaft Jesu in die Öffentlichkeit bringen können. Doch Paulus tat etwas anderes: er setzte sich an ein Flussufer und sprach mit den dort versammelten Frauen. Nein, er sprach nicht nur mit ihnen, er redete mit ihnen über Jesus. Hier am Fluss überschritt Paulus eine andere Grenze, seine innere, gesellschaftlich geprägte Grenze, nämlich die, dass Männer normalerweise nicht in der Öffentlichkeit mit Frauen über solche Themen reden. Und seine Worte fielen auf fruchtbaren Boden. Dort am Fluss traf er auf Lydia, eine Purpurhändlerin. Der Purpurhandel war ein besonderes Geschäft. Mit dem Saft der Purpurschnecke konnte man Stoffe rot färben, eine kostbare Farbe, aufwendig herzustellen. Und noch etwas ist an ihr besonders. Denn es wird von „ihrem" Haus geredet, eine Redewendung für das Anwesen, in dem jemand wohnte mit allen Menschen darauf, der Familie, den Arbeitern und Sklaven. Lydia war demnach der Haushaltsvorstand. Das war ungewöhnlich für eine Frau damals, und das hieß: sie hatte keinen Mann, dem diese Aufgabe zufallen konnte. Ob sie verwitwet war oder aus welchen anderen Gründen sie so selbständig im Leben stehen konnte, wissen wir nicht. Bei Lydia traf Paulus mit seinen Worten auf offene Ohren. Sie war sofort fasziniert von der Botschaft über den gekreuzigten und auferstandenen Jesus. Es geschah das, was in der Apostelgeschichte so beschrieben wird: „Der Herr öffnete ihr das Herz". Es muss etwas unbeschreiblich Faszinierendes mit Lydia passiert sein. Sie gehörte bis dahin zu den sog. „Gottesfürchtigen". Das waren Menschen, die der jüdischen Religion sehr nahe standen, viele der jüdischen Gesetze befolgten und dennoch nicht der jüdischen Religionsgemeinschaft angehörten. Und nun hörte sie wieder von diesem einen Gott, der sein Volk begleitet und beschützt, und doch war etwas anders an der Botschaft, die Paulus ihr offenbarte. Dieser Glauben an Jesus Christus stand allen Menschen offen, Frauen wie Männern, Armen wie Reichen, Sklaven, Freien, Griechen, Römern – allen Menschen. Das war etwas so Ungeheuerliches, und doch so wunderbar faszinierend. Lydia zog sofort die Konsequenz aus dem Gehörten: Sie ließ sich und ihr ganzes Haus taufen. Mit offenen Händen empfing sie die Taufe und den Segen Gottes. Sie wollte – sie musste einfach die Gute Nachricht über diesen einzigartigen Jesus von Nazareth in ihr Herz lassen. Und gleichzeitig war sie bereit, das Empfangene weiter zu geben, denn in der Bibel lesen wir später über eine Hausgemeinde in Lydias Haus.

Doch wie ist es mit Erlebnissen, in denen wir etwas von dieser Faszination spüren, in denen wir das Gefühl haben, dass etwas mit uns und in uns geschieht; die so einschneidend sind, dass sie ähnlich konsequent in unser Leben eingreifen wie bei Lydia. Die Geburt eines Kindes, die Entdeckung einer neuen Liebe, der Traumberuf, aber auch das Überleben eines Unfalls wie durch ein Wunder, die Genesung von einer schweren Krankheit – all das kann uns verändern, kann in uns wirken, uns erfüllen. Wer weiß, vielleicht öffnet Gott uns ja in solch einem Moment ebenso wie Lydia das Herz....

Lieber Gott,
ich wünsche mir offene Ohren,
um zu hören, wenn jemand meine Hilfe braucht,
aber auch für Kritik an mir selbst,
weil dadurch auch mir geholfen werden kann.

Ich wünsche mir offene Augen,
die mir den Blick in die richtige Richtung weisen.
Denn wer blind durchs Leben geht,
weiß nichts von den Nöten der anderen.

Ich wünsche mir offene Hände,
die gern weitergeben, was ich von dir empfange.
Ich wünsche mir Menschen,
die bereit sind, meine Gaben zu empfangen,
und bei denen auch ich mit offenen Händen empfangen
werde.

Ich wünsche mir ein offenes Herz für die Frauen,
die ihren eigenen Antrieb nicht finden können,
weil sie überlastet sind und sich schwach fühlen.
Ein offenes Herz aber auch für die Frauen,
die ihren Weg gehen,
Schritt für Schritt mit all seinen Konsequenzen.

Ich wünsche mir eine offene Tür,
wo ich all das finden kann, wenn ich es nur zulasse.
Viele Frauen, ob stark, ob schwach,
wollen sich jemandem anvertrauen.
Einer Freundin, einer Gruppe, der Familie.
Lasst uns aufeinander zugehen,
einander beistehen, über Grenzen hinweg.

von Conny Schulz

Priska -
gemeinsam mit Aquila

„Es kam nach Ephesus ein Jude, der Apollos hieß und aus Alexandria stammte. Er war ein gebildeter, wortgewandter Mann und kannte sich bestens in den Heiligen Schriften aus. Er war auch in der christlichen Lehre unterrichtet worden, sprach von Jesus mit großer innerer Begeisterung und unterrichtete zuverlässig über sein Leben und seine Lehre; er kannte jedoch nur die Taufe, wie sie Johannes geübt hatte. Dieser Apollos nun trat in der Synagoge von Ephesus auf und sprach dort frei und offen von Jesus. Priska und Aquila hörten ihn, luden ihn zu sich ein und erklärten ihm die christliche Lehre noch genauer. "
Apostelgeschichte 18, 24-26

Die Welt zu Beginn unserer Zeitrechnung - eine Zeit, in der der Apostel Paulus in der Weltgeschichte umherreiste, um von dem zu verkünden, der einige Jahre zuvor gestorben und auferstanden war; in der das mächtige Rom über das jüdische Volk herrschte, das aber trotz aller Anfechtungen ganz den Traditionen der jüdischen Religion verbunden war.

In der Gesellschaft dieser Zeit war eine Frau nach römischem Gesetz rechtlich nicht selbstständig. Sie war abhängig von einem männlichen Verwandten, dem Vater, Bruder, Ehemann. Ihre Aufgaben waren auf den häuslichen Bereich beschränkt. In der Öffentlichkeit besaß sie kein Mitspracherecht, sondern trat allenfalls als Aushängeschild ihrer Familie bzw. ihres Mannes in Erscheinung und musste sich besonders durch ihr sittlich korrektes Verhalten bewähren.

Auch im jüdischen Umfeld war die Rolle der Frau ähnlich definiert. Die jüdische Tradition stützte sich in ihren Rollenzuweisungen vor allem auf den Schöpfungsbericht - die Frau als Gehilfin ihres Mannes - und auf die Sündenfallgeschichte - die Frau soll sich als Strafe für den Apfelbiss dem Mann unterordnen. Ihre Aufgaben konzentrierten sich auch hier ganz auf den häuslichen Bereich. Die Einstellung der männlichen Hälfte des jüdischen Volkes gegenüber den Frauen wird besonders deutlich im sog. Morgengebet, das jeder männlicher Jude morgens betet:

"Gepriesen, der du mich nicht als Heiden schufst.
Gepriesen, der du mich nicht als Ungebildeten machtest.
Gepriesen, der du mich nicht als Frau geschaffen."

Die aktive Teilnahme an einem jüdischen Gottesdienst oder gar die Lesung aus einer Thora-Rolle war undenkbar, könnte doch die Frau die Thora[22] verunreinigen. Diese Tatsache brachte wissbegierige gläubige Frauen, die sich gern dem Studium der Schriften gewidmet hätten, in eine unerträgliche Situation. Ich denke da an den Film "Yentl" mit Barbra Streisand, in dem sie sich als Mann verkleidet, um die Thora und den Talmud studieren zu können.

Gerade für diese Frauen brachte das Christentum die Erlösung. Schon durch den Aufnahme-Ritus der Taufe für Männer und Frauen wurde im Gegensatz zur jüdischen Beschneidung der Männer die Gleichberechtigung betont.

Der Apostel Paulus lernte Priska und ihren Mann Aquila in Korinth während seiner zweiten Missionsreise kennen. Sie waren Zeltmacher wie er und auch sie hatten ihr Leben in den Dienst der Verkündigung Jesu Christi gestellt. Aus Rom waren sie nach Korinth gekommen und reisten mit Paulus weiter nach Ephesus, wo sie dann nach der Weiterreise von Paulus ohne ihn weiter arbeiteten. Interessant ist die Begegnung der beiden mit einem

Juden mit dem Namen Apollos. Er wusste schon vom Wirken Jesu, kannte aber noch nicht die alles erlösende Taufe im Namen Jesu Christi. Priska und Aquila nahmen sich seiner an und lehrten ihn die letzten Dinge, die er wissen musste. Interessant für uns ist die Begegnung deshalb, weil hier immer von beiden, von Aquila und eben auch von Priska die Rede ist. Das war nicht selbstverständlich. In einer Zeit, in der die Frau sonst nur eine untergeordnete Rolle spielte, sprach eine Frau gleichrangig mit ihrem Mann über so tiefe religiöse Wahrheiten wie bei der Begegnung mit Apollos. Und noch eines ist interessant. Auch Aquila überrascht mit einem äußerst untypischen Verhalten. Er lässt seine Frau gewähren, scheint sie sogar zu unterstützen und es zu begrüßen, dass sie gemeinsam den Menschen von Jesus Christus erzählen. Haben wir hier eine der frühesten Geschichten von wahrer Gleichberechtigung vor uns ?

Ein Gebet

Gott, wir bitten dich:
Lass alle Partnerschaften in Treue und Liebe
einander verbunden sein und einander Raum gewähren.
Wir bitten für alle, die durch Freundschaft miteinander
verbunden sind, dass sie einander nicht einengen,
sondern Verantwortung wahrnehmen,
füreinander, für andere, für deine Schöpfung.

Gott,
mache uns Mut zur Veränderung.
Lass uns nicht einfach hinnehmen
die Ungerechtigkeiten des Lebens.
Lass uns stark sein für unsere Ziele.
Gib uns die Kraft, die Unebenheiten
des Lebens zu überwinden und
schöpferisch an neue Dinge heranzutreten.

Gott,
führe uns zu mehr Geschwisterlichkeit,
dass wir zueinander die Hände ausstrecken und uns stützen,
dass wir uns von den Geschichten des Glaubens leiten lassen,
zu einer neuen Gemeinschaft miteinander.

Amen.

von Conny Schulz

Paulus schickt Grüße an...

...Phöbe, eine Diakonin
...Priska, eine Mitarbeiterin im Dienste Jesu Christi;
  die mit ihrem Mann Aquila eine Hausgemeinde gründete
...Maria, die ihren Dienst an der Gemeinde tat
...Junia, eine Mitgefangene des Paulus und eine Apostelin
...Tryphäna, im Dienst an der Gemeinde
...Tryphosa, ebenfalls im Dienst an der Gemeinde
...Persis, im Dienst an der Gemeinde
...Julia...und die Schwester des Nereus...und die Mutter des Rufus...

„Ich empfehle euch unsere Schwester Phöbe...grüßt Priska und ihren Mann Aquila...grüßt Maria...und Junia...grüßt Tryphäna und Tryphosa..."

Viele Frauen werden hier im Brief an die Römer im 16. Kapitel von Paulus genannt – ausgerechnet von dem Mann, dem immer noch der Ruf eines „Frauenfeindes" anhängt. Doch stimmt das wirklich ? Und was sagt uns die sog. Grußliste vor allem über das Leben der ersten christlichen Frauen, kurz nach Jesu Tod ? Paulus hat uns mit seinem Brief an die Römer und der dazugehörigen Liste all der Personen, denen er sich persönlich verbunden fühlte und die er deswegen grüßen ließ, ein eindrucksvolles Dokument dessen hinterlassen, welche Bedeutung diese Frauen für ihn und welche Aufgaben die Frauen in seinem Umfeld hatten.

Da ist von Phöbe die Rede, die als Diakonin bezeichnet wird. Martin Luther übersetzte an dieser Stelle allgemeiner mit „im Dienst der Gemeinde". An anderer Stelle im Neuen Testament wird der Begriff Diakon in Bezug auf zwei Männer mit „Gottes Helfer" übersetzt. Deutlich wird, dass eine Diakonin nicht mit einer heutigen Diakonisse vergleichbar ist, die mehr soziale, pflegerische Tätigkeiten übernimmt. Phöbe war also eine Frau, die eine ganz bestimmte Position in ihrer Gemeinde innehatte, die Männern genauso offen stand. Es war also keine typische „Frauenaufgabe", die Phöbe übernommen hatte.

Erneut finden wir Priska mit ihrem Mann Aquila, von der bereits in der Apostelgeschichte berichtet wird. Paulus nennt sie hier eine Mitarbeiterin im Herrn. Aus der Apostelgeschichte wissen wir, welche Tätigkeiten Priska ausübte: die Auslegung der christlichen Lehre; außerdem hatte sich in ihrem Haus eine Hausgemeinde gebildet, der sie mit ihrem Mann vorstand. Für Paulus waren sie und ihr Mann von besonderer Bedeutung, hatten sie ihn doch vor dem Tod gerettet – auf welches Ereignis Paulus hier anspielt, wird allerdings nicht näher genannt.

Interessant ist die Bezeichnung „Apostel" in Bezug auf eine Frau. Paulus lässt Andronikus und Junia grüßen, die schon vor ihm Christen geworden waren und „unter den Aposteln einen hervorragenden Platz" einnahmen. An dieser Stelle sollte man sich daran erinnern, dass schon zu Jesu Lebzeiten während seiner Wanderschaft ihn viele Frauen begleitet hatten, die mit den von Jesus erwählten zwölf Aposteln wanderten und lebten. Somit nahmen diese Frauen einen Apostel-ähnlichen Status ein. Im Römerbrief wird nun eine Frau explizit als Apostel bezeichnet, als „Ausgesandte", die die Gute Nachricht zu den Menschen bringt.

Neben diesen Frauen mit konkreter Bezeichnung ihrer Tätigkeiten werden noch eine ganze Reihe von Frauen genannt, die sich in ihrer jeweiligen Gemeinde verdient gemacht hatten: Tryphäna und Tryphosa, die sich „tatkräftig" für ihre Gemeinde einsetzten sowie Persis, die „im Dienst des Herrn" tätig war und sich für die Gemeinde abgemüht hatte. Die namentlich nicht genannte Mutter des Rufus muss Paulus besonders ans Herz gewachsen sein, denn er beschreibt sie als eine Frau, die auch ihm zur Mutter geworden war. Einige Frauen werden gänzlich ohne weiteren Zusatz erwähnt, so z.B. Julia oder die Schwester des Nereus.

Die Grußliste am Ende des Römerbriefes macht deutlich, dass Frauen in vielfältiger Weise in den Gemeinden tätig waren. Ihre Rolle war keineswegs auf häusliche Aufgaben beschränkt, wie die Beschreibungen von Priska und Junia zeigen. Und dass gerade ein Mann wie Paulus mit diesen Frauen zusammen gearbeitet hatte und ihre Tätigkeiten sehr wohl zu schätzen wusste, zeigt, dass er seine im Galaterbrief formulierte Gleichberechtigung von Frau und Mann im praktischen Leben zumindest teilweise umgesetzt hatte.

„Es hat darum auch nichts mehr zu sagen, ob ein Mensch Jude ist oder Nichtjude, ob im Sklavenstand oder frei, ob Mann oder Frau. Durch eure Verbindung mit Jesus Christus seid ihr alle zu einem Menschen geworden."
Galater 3, 28

Anmerkungen:

1. Resi Cromik: Als es zurückkam, das Paradies
   Edition Euterpe, Kiel

2. Tertullian
3. Anselm von Canterbury
4. Jakob Sprenger / Heinrich Institoris
5. Karl Barth
6. Tertullian

2. – 6. aus: Dekade-Gottesdienste in Nordelbien „Gemeinsam auf dem Weg mit Eva – Ent-deckungen" Vorbereitungsmaterial für den Gottesdienst am 5. Juni 1994

7. Abraham gilt als der erste Stammvater Israels. Er wurde von Gott fortgeschickt, um sich fern der Heimat im Lande Kanaan niederzulassen. Von Abraham und seinen Nachkommen stammen viele Völker ab.

8. Die israelitische Eroberung und Besiedelung von Palästina gehört zu den umstrittenen Themen der biblischen Geschichte.

9. Samuel wurde Priester und der Nachfolger von Eli. Er galt auch als Prophet Gottes. Die ersten zwei Könige, Saul und David, wurden von ihm eingesetzt.

10. siehe Anm. 8

11. Dazu gehören z.B. Praktiken wie Karten legen oder Wahrsagerei, aber auch Kräuter- und Pflanzenkunde.

12. "Dauert die monatliche Blutung länger als sieben Tage oder hat eine Frau außerhalb ihrer Periode einen Ausfluss, der längere Zeit anhält, so ist sie während dieser Zeit genauso unrein wie während ihrer Monatsblutung. Jedes Lager, auf dem sie liegt, und jeder Gegenstand, auf den sie sich setzt, wird unrein. Wer diese Dinge berührt, wird selbst unrein." 3. Mose 15, 25-27

13. Lukas 1, 51 + 52; Übersetzung: Luther-Bibel (frei zitiert)

14. Lukas 1, 51 + 52; Übersetzung: Zürcher Bibel (frei zitiert)

15. Lukas 1, 51 + 52; Übersetzung: Gute Nachricht, 2000

16. Jakob, Sohn von Isaak und Rebekka, war der Ehemann von Lea und Rahel. Er wurde drurch seine zwölf Söhne zum Stammvater der zwölf Stämme Israels.

17. Ernst Bloch, *Prinzip Hoffnung*, Band 2, Frankfurt a.M. 1959

18. paternalistisch = (väterliche) Bevormundung

19. Nils Hasselmann in: Predigtstudien, 1. Perikopenreihe 2. Bd., Stuttgart 1985

20. Magdala: eine Stadt im damaligen Galiläa am See Genezareth, in der Nähe von Kapernaum und Nazareth.

21. Emmaus: eine Stadt im damaligen Judäa, in der Nähe von Jerusalem.
siehe auch: Lukas 24, 13 - 35

22. Thora: heilige Schrift der Juden, die fünf Bücher Mose. Es sind die ersten Bücher des Alten Testaments der Bibel.

Lesevorschläge zur Bibel

Diese Liste beinhaltet Bibeltexte, die zum Weiterlesen einladen sollen. Es sind Paralleltexte oder auch die Angaben des gesamten zugrunde liegenden Textes des jeweiligen Kapitels.

Angaben: Buch, Kapitel, Verse

Eva	1. Mose 2, 4 bis 3, 24
Rebekka	1. Mose 24
Lea & Rahel	1. Mose 29 und 30
Schifra & Pua	2. Mose 1, 1-21
Rahab	Josua 2 und 6, 22-25
Ruth	Das Buch Ruth
Hanna	1. Samuel 1,1 bis 2,21
Abigail	1. Samuel 25
Die Frau von En Dor	1. Samuel 28
Waschti	Esther 1
Das Hohelied	Das Hohelied
Die kanaanäische Frau	Markus 7, 24-30

Die blutflüssige Frau	Matthäus 9, 20-22 + Lukas 8, 43-48
Maria	Lukas 1, 39-56
Die Frau aus Samarien	Johannes 4, 1-42
Martha	Johannes 11, 17-44
Maria Magdalena	Johannes 20, 1-18
Lydia	Apostelgeschichte 16, 11-15
Priska	Apostelgeschichte 18, 24-28
Die Frauen um Paulus	Brief an die Römer 16, 1-16

Weitere Literatur zum Thema "Frauen in der Bibel"

Ingeborg Kruse
Unter dem Schleier – ein Lachen
Neue Frauengeschichten aus dem Alten Testament
Kreuz Verlag Stuttgart 1986

Ingeborg Kruse
Mädchen, wach auf !
Frauengeschichten aus dem Neuen Testament
Kreuz Verlag Stuttgart 1989

Johannes Kuhn
Frauen und Männer der Bibel
gesehen von Männern und Frauen heute
Quell Verlag Stuttgart 1987

Pnina Navè Levinson
Was wurde aus Saras Töchtern ?
Frauen im Judentum
Gütersloher Verlagshaus Gerd Mohn Gütersloh 1989

Heidi Rosenstock / Hanne Köhler
Du, Gott, Freundin der Menschen
Neue Texte und Lieder für Andacht und Gottesdienst
Kreuz Verlag Stuttgart 1991

Irmentraud Kiefer
Frauen auf dem Weg – Begegnungen mit Jesus
Geschichten aus dem Neuen Testament
Burckhardthaus-Laetare Verlag GmbH Offenbach / M. 1996

Ingeborg Kruse
Mirjams Lied
Frauen und Mädchen in den Geschichten der Bibel
Gabriel Verlag GmbH Wien 2000

Haag / Sölle / Kirchberger / Schnieper
Große Frauen der Bibel in Bild und Text
Verlag Herder Freiburg i.Br. 2001

Nicht direkt zum Thema, aber auch interessant:
Hrsg. Claudia Janssen / Luise Schottroff / Beate Wehn
Paulus
Umstrittene Traditionen – lebendige Theologie
Eine feministische Lektüre
Chr. Kaiser / Gütersloher Verlagshaus Gütersloh 2001

Dorothee Sölle
Gottes starke Töchter. Große Frauen der Bibel.
Schwabenverlag 2003

Die Autorin:

Christiane Beetz, geb. 15.12.1965 in Hamburg, studierte Germanistik, Alte Geschichte und Religionswissenschaft an der Universität Hamburg. Sie engagiert sich seit vielen Jahren im Ev.-Luth. Gemeindezentrum Mümmelmannsberg im Südosten von Hamburg, u.a. als Mitglied der Dekadegruppe, Leiterin des Bibelgesprächskreises und als Kirchenvorsteherin.

Die Illustratorin:

Astrid Steiner, geb. 04.09.1953 in Spittal / Kärnten, arbeitete viele Jahre als Grundschullehrerin und ist jetzt im Ruhestand. Sie ist verheiratet und hat drei Kinder. Erst seit einigen Jahren konnte sie sich intensiver ihrem Hobby, dem Malen, widmen und hat dabei auch das Schreiben für sich entdeckt (Märchen, Bilderbücher mit Texten).